Marktonderzoek

Markt-onderzoek

Kees Benschop

Tweede druk

Boom

Inhoud

Inleiding en verantwoording bij de tweede druk

Dit leerboek dekt de kerntaak 'P1-K1 Assisteert bij het onderzoeken van de markt', die als profieldeel hoort bij de uitstroom van de opleiding Medewerker marketing en communicatie. Ook bereidt dit boek voor op het SPL/ECABO examen KE4 Marktonderzoek en op examenproject EP4.

De opdrachten staan gewoon in het boek. Op **www.practicx.nl** staat extra oefening per hoofdstuk plus oefenexamens. De online toets- en oefenportal PracticX is specifiek ontwikkeld voor mbo-studenten. Een unieke code in het boek (colofon) geeft toegang tot het extra oefenmateriaal. De oefeningen per hoofdstuk bestaan uit open en gesloten vragen, waarbij studenten direct heldere feedback krijgen. Als voorbereiding op het examen van SPL/ECABO zijn er oefenexamens, eveneens met directe feedback.

Voor verwerking en analyse van de onderzoeksgegevens hebben we gekozen voor Microsoft Excel. Dit omdat de student al vertrouwd is met Excel, en omdat dit programma bij een niet al te groot onderzoek prima uit de voeten kan met de analyse van een datamatrix. Ook sluit dit goed aan bij het praktijkmateriaal van SPL.

Deze methode bereidt niet alleen voor op het mbo-diploma niveau 4, maar het boek biedt ook een stevige basis om door te kunnen stromen naar het Nima-A diploma. Daarom is ook met een schuin oog naar de vereisten voor dat diploma gekeken. Die zijn bij dit onderwerp niet beduidend veel hoger dan de eisen op mbo-niveau.

De indeling van de serie	Examen
– Basisboek marketing	Basis Marketing en Communicatie
– Marketing: de harde cijfers	Commerciële calculaties
– Marketingplanning	Marketingplanning
– Communicatie	Communicatie
Uitstromen	
– Marktonderzoek	Marktonderzoek
– Evenementen organiseren	Evenementenorganisatie
– Extra Pitch voor Nima-A	–

Het laatste deel, Extra Pitch voor Nima A, sluit aan op de voorgaande delen. Daardoor is voor de voorbereiding op dat examen (of op Nima Basiskennis Marketing) geen dik boek meer nodig. De kandidaat kan gewoon deze methode gebruiken die hij toch al had aangeschaft.

Over de inhoud van dit boek zelf: bij het schrijven en vormgeven stonden 'overzichtelijk' en 'begrijpelijk' voorop. De vormgeving is no-nonsense, met een rustige bladspiegel en niet te lange alinea's. De tekst is duidelijk gestructureerd met margewoorden, en is geschreven in correcte maar vlotte taal. De enige 'moeilijke' woorden zijn de begrippen waar de beroeps- beoefenaar mee moet werken en die de student dus moet kennen. De opbouw is helder en rustig, gebruik van subparagrafen is vermeden. Waar van toepassing helpen onthoudblokjes met recapituleren van de kernstof. Een samenvatting per hoofdstuk kan helpen om het geheugen even op te frissen. De begrippenlijsten zijn handig als naslag en als voorbereiding op een toets.

Door dit alles is de methode zeer geschikt voor zelfstandig werken, of voor tussenvormen van zelfstandig en klassikaal. En voor puur klassikaal werken vormt duidelijkheid ook geen belemmering.

De auteur bedankt Henry Moorman, docent aan het ROC Nijmegen, voor zijn constructieve kritiek die tot verbetering heeft geleid. We wensen studenten en docenten plezier en succes met Pitch. Voor opmerkingen of suggesties houden we ons van harte aanbevolen.

Auteur en uitgever, najaar 2016

1 Marktonderzoek plannen

1.1 Marktonderzoek

Bij het plannen en uitvoeren van marketing werk je volgens een planningscyclus. Bij het onderdeel Marketingplanning ben je daar al mee bezig geweest. De fasen van deze cyclus zie je in figuur 1.1.

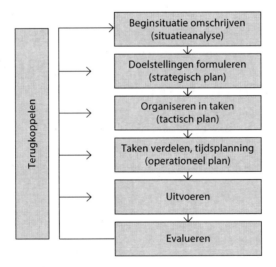

Figuur 1.1

Tijdens het plannen heb je veel informatie nodig. De situatieanalyse bestaat uit een interne analyse van je eigen organisatie en een externe analyse van de omgeving. Telkens als er informatie ontbreekt voor je analyse, moet je die ergens zien te vinden. Als die informatie niet voorhanden is, moet je op onderzoek uit.

pretest

Ook tijdens de uitvoering van de plannen zijn er vormen van marktonderzoek nodig. Denk aan een *pretest* voordat je een reclamecampagne start: je probeert de reclame eerst uit op een groep mensen om na te gaan wat het effect is. Na de uitvoering van je plannen en deelplannen moet je die evalueren: nagaan of je doelen zijn bereikt. In het voorbeeld van die reclamecampagne houd je een

posttest

posttest om te meten of het doel van de reclame is bereikt.

Een bedrijf of instelling heeft dus marketinginformatie nodig:
- als basis voor de situatieanalyse;
- als basis voor beslissingen;
- om de gevolgen van een marketingstrategie zichtbaar te maken (controle en evaluatie).

Marketinginformatie bestaat uit alle informatie die nodig is om een goede marketingstrategie te kunnen opstellen, uitvoeren en evalueren.

informatie

Informatie bestaat uit gegevens die je nodig hebt om een bepaalde vraag te kunnen beantwoorden. Je verzamelt die gegevens door marktonderzoek te doen. Daarbij werk je in fasen, waarbij je begint met de informatie die het minste moeite kost om te verzamelen.
1 Je begint met intern beschikbare informatie.
2 Daarna ga je na welke informatie extern beschikbaar is.
3 Houd je dan nog onbeantwoorde vragen over, dan moet je zelf informatie gaan verzamelen of laten verzamelen.

secundaire gegevens

De informatie bij de fasen 1 en 2 bestaat uit *secundaire* gegevens. Dat zijn gegevens die al verzameld zijn door anderen. Als de informatie al beschikbaar is, zou het nodeloos duur zijn om zelf op onderzoek te gaan. Deze informatie

bureauonderzoek

verzamel je aan je bureau: je doet dan aan *bureau*onderzoek ofwel deskresearch. Je bronnen daarbij zijn: het archief, je collega's en bronnen buiten het bedrijf.

Pas als blijkt dat je gegevens nodig hebt die nog niet door anderen verzameld zijn, ga je zelf gegevens verzamelen, of laat je gegevens verzamelen door een

veldonderzoek
primaire gegevens

bureau voor marktonderzoek. Je doet dan aan *veld*onderzoek ofwel fieldresearch . Daarbij verzamel je *primaire* gegevens, dat zijn gegevens die jouw onderneming zelf verzamelt of laat verzamelen.

marktonderzoek

Marktonderzoek is het systematisch verzamelen en analyseren van informatie die nodig is om marketingvragen goed te kunnen stellen en te beantwoorden.

Het is één van de manieren waarop aanbieders contact kunnen houden met afnemers en mogelijke afnemers.

marketingonderzoek

*Marketing*onderzoek is een ruimer begrip dan marktonderzoek. Het kan bestaan uit wetenschappelijk onderzoek naar de invloed van de instrumenten van de marketingmix. Ook onderzoek naar de gevolgen van een bepaalde marketingmix en marketingstrategie kun je marketingonderzoek noemen. Marktonderzoek is onderzoek op een bepaalde markt en daarover gaat dit boek.

Marktonderzoek kan verschillende *functies* hebben:

functies marktonderzoek

- Een *informatieve* functie: je verzamelt de informatie die nodig is voor het nemen van marketingbeslissingen en voor de ondernemingsplanning.
- Een *creatieve* functie: de resultaten van marktonderzoek kunnen een onderneming op nieuwe ideeën brengen. Zo kan blijken dat er behoefte is aan een nieuw product of aan een wijziging van bestaand aanbod.
- Een *bewakings*functie bij het proces van de marketingplanning: tijdens en na het uitvoeren van een marketingstrategie kun je door middel van marktonderzoek aan de weet komen of die strategie wel werkt. Je meet of doelen gehaald zijn. Dit maakt het mogelijk om de resultaten weer terug te koppelen naar het planningsproces. Deze terugkoppeling is nodig om de marketingactiviteiten te kunnen controleren en evalueren.

Het startpunt van marktonderzoek is een marketingprobleem dat het bedrijf op wil lossen. Dat kan een echt probleem zijn, maar ook gewoon een marketingvraag of een behoefte aan ontbrekende informatie. Bijvoorbeeld: we hebben onvoldoende informatie over de koopmotieven van onze klanten. Hoe los je dit op? Je gaat die klanten vragen naar hun motieven (als dat nog niet is gebeurd tenminste, anders gebruik je de secundaire gegevens).

probleemstelling

In onderzoekstaal is dit de *probleemstelling*: wat wil je met het onderzoek precies oplossen? Een probleemstelling bestaat uit:

- een *vraagstelling*, de hoofdvraag die je met het onderzoek wilt beantwoorden;
- een *doelstelling* of onderzoeksdoel.

In het genoemde voorbeeld is de vraagstelling: wat zijn de koopmotieven van onze klanten? Het onderzoeksdoel is om die koopmotieven goed in kaart te brengen.

Buurtwinkelier Ron weet dat hij ongeveer 280 trouwe klanten heeft, maar heeft geen idee van het totale aantal mogelijke klanten. Met wat advies erbij werkt Ron de probleemstelling zo uit:

- Vraagstelling: Hoeveel mensen zijn er in het vestigingsgebied die nu nog niet bij de buurtwinkel van Ron kopen maar die mogelijk klanten zouden kunnen worden?
- Onderzoeksdoel: in kaart brengen:
  - hoe groot zijn bedieningsgebied is;
  - hoeveel huishoudens er in dat gebied zijn;
  - hoeveel buurtwinkels dat gebied bedienen;
  - hoe groot zijn marktaandeel ongeveer is in dat gebied;
  - hoeveel huishoudens, gezien hun voorkeuren, mogelijke klanten kunnen zijn.

Neem een ander marketingprobleem: onze afzet daalt en we willen weten waarom. Deze vraag is moeilijk te vertalen in een onderzoeksdoel: waar ligt die afzetdaling aan? Ligt het aan de economische conjunctuur, aan de concurrentie, aan slechte reclame, aan het prijsniveau, aan het product zelf, of aan de distributie?

verkennend
onderzoek

Om de probleemstelling helder te krijgen, kan eerst een *verkennend* onderzoek nodig zijn. Daarmee kun je de informatie verzamelen die nodig is om de vraagstelling zo duidelijk te krijgen, dat je die naar een werkbaar onderzoeksdoel kunt vertalen. Dit soort onderzoek heet ook wel *oriënterend* onderzoek, *exploratief* onderzoek of een *pilot study*.

Ook als de probleemstelling wel helder is, kan zo'n verkennend onderzoek vooraf nuttig zijn om het onderzoek zo goed mogelijk te plannen. Je kunt ermee in kaart brengen welke onderwerpen je precies moet onderzoeken om het doel te bereiken (niet te veel en niet te weinig). Als er onduidelijkheid is over de precieze samenstelling van de doelgroep, is het verstandig om daar eerst meer zicht op te krijgen. In zulke situaties voorkom je met verkennend onderzoek vooraf dat je straks met duur veldonderzoek je doel voorbijschiet.

Het kan nodig zijn om de vraagstelling te splitsen in een aantal deelvragen. De belangrijkste voorwaarden voor een goede vraagstelling en een goed onderzoeksdoel zijn dat ze *duidelijk* zijn en goed *afgebakend*, zodat iedereen die ze leest, meteen weet wat er precies onderzocht moet worden.

Opdrachten

1. a. Welke functie van marktonderzoek heeft een posttest (effectonderzoek) tijdens of na een reclamecampagne?
   b. Op basis van marktonderzoek besloot Ford om het ontwerp van haar auto's beter af te stemmen op senioren. Welke functie had dat marktonderzoek?

2. Geef aan of het om marktonderzoek gaat of niet. Verklaar je antwoorden.
   a. De eigenaresse van een winkel registreert alle verkopen per klant in de computer. Zij gebruikt die database om aanbiedingen te ontwerpen en voor direct mail.
   b. De eigenaar van het Autopaleis vraagt elke klant hoe die klant van zijn zaak gehoord heeft en waarom die klant een andere auto nodig heeft. Tijdens het verkoopgesprek vraagt hij ook waar deze klant de vorige auto kocht. Na elk gesprek noteert hij de gegevens.
   c. Een medewerker marketing is helemaal op de hoogte van de nieuwste trends omdat hij zijn ogen goed de kost geeft in de file.

3. Vertaal onderstaande marketingvragen zo goed mogelijk naar een onderzoeksvraag en -doel.
   a. Talk2 wil een 'netwerkfoon' ontwikkelen, waarmee je kunt bellen, internetten en alles kunt bedienen wat maar elektrisch is. Talk2 weet niet welke prijs het voor dat apparaatje kan vragen en of de investering dus de moeite gaat lonen.
   b. Hoofdcommissaris Bas kampt met personeelstekort en moet daarom prioriteiten stellen. Nou weet hij niet wat de burgers belangrijker vinden: inbraken oplossen of geweldsoverlast op straat aanpakken.
   c. Kapper De HoofdZaak heeft een leuke advertentie in het wijkblad gezet, maar de week daarop komen er juist minder klanten!

4. a. In welk geval maakt veldonderzoek zeker geen deel uit van het onderzoeksproces?
   b. Geef nog twee mogelijke redenen om niet over te gaan tot veldonderzoek.

5. Geef drie redenen waarom verkennend onderzoek nuttig kan zijn.

6. Aan welke voorwaarden moet een goede probleemstelling en goed onderzoeksdoel voldoen?

7. Wat is het verschil tussen marktonderzoek en marketingonderzoek?

1.2   Soorten marktonderzoek

Er zijn allerlei soorten marktonderzoek. Als je kijkt naar het onderzoeksdoel kun je drie soorten marktonderzoek onderscheiden:

verkennend
- *Verkennend (exploratief)* onderzoek dient om de probleemstelling beter in kaart te brengen (zie vorige paragraaf).

beschrijvend
- *Beschrijvend* onderzoek geeft antwoord op de vraag: Wat gebeurt er? Je onderzoekt een verschijnsel of een ontwikkeling. Bijvoorbeeld welke trends er op de markt te vinden zijn of hoe groot de verschillende marktsegmenten zijn. De uitkomst van het onderzoek is dat je dat zo precies mogelijk beschrijft.

verklarend
- *Verklarend* onderzoek geeft antwoord op de vraag: Hoe komt het? Je kent een gevolg (bijvoorbeeld de afzet daalt, of de reclame heeft geen effect). Met het onderzoek wil je de oorzaak opsporen, want daarmee kun je het gevolg verklaren.

Als je kijkt naar het instrument van de marketingmix kun je vijf soorten marktonderzoek onderscheiden:
- prijsonderzoek (P van prijs), bijvoorbeeld naar prijsbeleving of naar de prijselasticiteit van de vraag;
- communicatieonderzoek (P van promotie), bijvoorbeeld *effect*onderzoek naar het effect van reclame op imago of koopintentie; of *media*onderzoek naar het bereik en het effect van verschillende soorten media;
- distributieonderzoek (P van plaats), bijvoorbeeld om in kaart te brengen welke distributiekanalen mogelijk zijn, of om knelpunten bij de distributie op te kunnen lossen;
- productonderzoek (P van product), bijvoorbeeld smaaktesten, of onderzoek naar voorkeuren en behoeften. Bij de ontwikkeling van een nieuw product is meestal *productconcept*onderzoek nodig om na te gaan of het idee aanslaat bij klanten. Bij een bestaand product kun je met *productevaluatie*-onderzoek nagaan wat klanten van het product vinden en hoe ze het vergelijken met andere producten;

- personeelsonderzoek, bijvoorbeeld de mystery shopper die onderzoekt hoe het verkooppunt en de dienstverlening op het publiek overkomen.

Bij de situatieanalyse heb je op veel punten informatie nodig. Bij de interne analyse hoort een prestatieanalyse. Een mogelijke vorm van onderzoek daarbij is benchmarking. Een onderneming die aan *benchmarking* doet, vergelijkt regelmatig de prestaties en werkwijze van de eigen organisatie met die van belangrijke concurrenten. Het doel is om informatie te verzamelen die kan leiden tot betere bedrijfsprestaties. Ook personeelsonderzoek kan nodig zijn voor de interne analyse.

benchmarking

Bij de externe analyse kun je informatie nodig hebben voor de:
- klantenanalyse;
- concurrentieanalyse;
- distributieanalyse;
- omgevingsanalyse.

tevredenheids-onderzoek

Voor de klantenanalyse kun je een *tevredenheids*onderzoek doen. Met tevredenheidsonderzoek krijg je zicht op de beleving van bestaande klanten. Als je op zoek bent naar nieuwe klanten kan onderzoek naar consumentenvoorkeuren nuttig zijn. Ook kan het nodig zijn om het koopgedrag van klanten te onderzoeken. De *attitude* is de houding van mensen ten opzichte van een product, een merk of een onderneming. Veel commerciële communicatie is gericht op beïnvloeding van attitudes. Met *attitude*onderzoek ga je na hoe mensen tegenover je bedrijf, je product of je merk staan.

attitudeonderzoek

concurrentieanalyse

Bij de concurrentieanalyse heb je concurrentenprofielen nodig en moet je dus op zoek naar informatie over het aanbod en de strategie van de concurrenten. Bij de distributieanalyse onderzoek je de distributiekanalen en de distributie-intensiteit. Je verzamelt marktinformatie die nodig is om distributiekengetallen te kunnen berekenen.

distributieanalyse

opinieonderzoek

Bij de omgevingsanalyse kan *opinie*onderzoek nodig zijn. Het doel van opinie-onderzoek is om meningen van het publiek te weten te komen, bijvoorbeeld over jouw bedrijf of over zaken die belangrijk zijn voor jouw bedrijf. Bij de rest van de omgevingsanalyse doe je vooral aan bureauonderzoek.

haalbaarheids-onderzoek

Voor een startende ondernemer kan een *haalbaarheids*onderzoek heel nuttig zijn. Daarbij kijk je onder andere naar de omvang van de markt, de potentiële vraag, het omzetpotentieel, de financiële mogelijkheden en de mogelijkheden van bepaalde locaties. Haalbaarheidsonderzoek kan ook nuttig zijn bij het ontwikkelen van een nieuw product of het starten van een nieuw project.

Als je kijkt naar de doelgroep die je gaat ondervragen (of observeren) kun je een onderscheid maken tussen:
- consumentenonderzoek;
- tevredenheidsonderzoek (bestaande klanten);
- business-to-businessonderzoek (de zakelijke markt, daar kan ook detailhandelsonderzoek bijhoren).

Als je kijkt naar de tijdsduur is er verschil tussen:

ad hoc

continu

- eenmalig onderzoek (dat heet ook wel *ad-hoc*onderzoek);
- *continu* marktonderzoek.

Continu marktonderzoek wordt met regelmatige tussenpozen herhaald en is ook geschikt om ontwikkelingen bloot te leggen. Voorbeelden ervan zijn:
- onderzoek met consumenten*panels*; die worden ook wel *focus*groepen genoemd. Daarbij wordt een panel van consumenten regelmatig ondervraagd of de panelleden houden een dagboek bij. Onderwerpen daarbij zijn bijvoorbeeld behoeften, voorkeuren, trends en koopgedrag;
- enquêtes die elk jaar herhaald worden;
- kijk- en luisteronderzoek, daarbij wordt bij een steekproef van huishoudens elektronisch het kijk- en luistergedrag vastgelegd;
- detailhandelscontrole in de vorm van panels van detaillisten.

Als je kijkt naar de aard van verzamelde gegevens is er verschil tussen:
- kwalitatief onderzoek;
- kwantitatief onderzoek.

kwantitatief onderzoek

Een kwantiteit is een hoeveelheid. Bij *kwantitatief* onderzoek verzamel je grote hoeveelheden vergelijkbare gegevens, die je kunt tellen en statistisch kunt bewerken. De uitkomsten presenteer je vaak met behulp van tabellen of diagrammen. Zulke gegevens kun je bijvoorbeeld verzamelen door waarnemingen te tellen of door te werken met enquêtes met gesloten vragen.

kwalitatief onderzoek

Kwaliteit betekent hoedanigheid, het gaat om de aard van een verschijnsel. Met *kwalitatief* onderzoek breng je meningen, trends, motieven of gedrag van klanten in kaart, zonder dat je de waarnemingen statistisch kunt verwerken. Dat gebeurt bijvoorbeeld bij observaties van gedragingen, bij diepte-interviews met open vragen of bij groepsdiscussies over trends, motieven en meningen. Verkennend onderzoek is meestal kwalitatief.

Als je kijkt naar de methode is er verschil tussen:
- bureauonderzoek naar secundaire gegevens (intern en extern);
- veldonderzoek naar primaire gegevens.

Bij veldonderzoek zijn veel methoden van onderzoek mogelijk:
- Enquête (schriftelijk, online, telefonisch of face to face);
- Interview (schriftelijk, telefonisch of face to face);
- Observatie (op straat, in de winkel, in een laboratorium);
- Experiment: een strategie uitproberen, bijvoorbeeld in één stad of bij een steekproef van winkels. Daarna kun je vergelijken tussen de situatie met en zonder het experiment;
- Gedachtewisseling met *experts* (bijvoorbeeld op het gebied van mode, van sociologie, van techniek of van logistiek) kan nuttig zijn om achtergrond-informatie te verzamelen of om te proberen toekomstige ontwikkelingen en trends te voorspellen.

In hoofdstuk 3 ga je dieper op deze onderzoeksmethoden in.

Als je kijkt naar opdrachtgever en uitvoerende kun je kiezen tussen:
- zelf een onderzoek op maat uitvoeren;
- zelf uitvoeren met een aparte onderzoeksafdeling;
- een onderzoek op maat laten uitvoeren door een onderzoeksbureau;
- deelnemen aan onderzoek met meerdere opdrachtgevers.

omnibus

Bij *omnibus*onderzoek voert een onderzoeksbureau steekproefonderzoek uit, waarbij verschillende opdrachtgevers vragen laten opnemen in één gezamen-lijke vragenlijst. Elke opdrachtgever krijgt alleen de resultaten van de eigen vragen te zien. Een respondent kan bij omnibusonderzoek dus vragen krijgen over allerlei onderwerpen, bijvoorbeeld over auto's, cosmetica en frisdrank. *Multi-client*onderzoek heeft ook verschillende opdrachtgevers, maar het gaat over een gemeenschappelijk probleem, bijvoorbeeld een brancheprobleem. De opdrachtgevers krijgen het hele rapport te zien.

multi-client-onderzoek

online

Online onderzoek kan bestaan uit webenquêtes, e-mailenquêtes, vragen stellen aan online klantenpanels en online focusgroepen (online access panels, bijvoorbeeld via chatsessies), analyse van online communities zoals forums en blogs, en uit analyse van klantendatabases. Een goede webwinkel levert een database op met gegevens over de klanten en hun gedrag. Met

Google Analytics kun je doen aan *conversie tracking*: nagaan via welke stappen bezoekers 'geconverteerd' worden. Je kunt ook de ROI (return on investment) op bijvoorbeeld je Adwords-campagne nagaan.

klikgedrag

mouse tracking

Ook het *klikgedrag* kun je analyseren met Google Analytics. Dat gaat nog beter met software voor *mouse tracking*. Op afstand kun je met een programma vastleggen hoe de muis van elke bezoeker beweegt. Dat geeft inzicht in de manier waarop de bezoeker door je website navigeert en waar hij vooral naar kijkt: het blijkt dat de muisbewegingen de oogbewegingen vrij aardig volgen. Uit het muisgedrag kun je ook het zoekgedrag afleiden: kunnen bezoekers de weg vinden op je site?

mobile

Als je je specifiek richt op mobiele apparaten (telefoons, tablets, wearables) ben je bezig met *mobile research*.

Marktonderzoek klinkt groot en duur, maar ook een kleine ondernemer kan prima aan marktonderzoek doen. Mogelijkheden zijn:

- observatie op het eigen verkooppunt van aantal klanten en consumenten-gedrag;
- observatie bij verkooppunten van de concurrenten van aantal klanten, gedrag en marketingstrategie;
- vragen stellen aan klanten of aan voorbijgangers (bijvoorbeeld tijdens een braderie, reclamegeschenkje geven en een paar vragen stellen);
- zelf een klantenpanel samenstellen en af en toe van gedachten wisselen;
- goede registratie van klanten en verkooptransacties.

Onthoud

Functies marktonderzoek: informatief, creatief en bewakend.

Soorten marktonderzoek:

- verkennend, beschrijvend of verklarend;
- bureauonderzoek en veldonderzoek;
- ad hoc of continu;
- kwantitatief of kwalitatief;
- eigen onderzoek, omnibus of multi-client;
- ingedeeld naar instrument van de marketingmix;
- ingedeeld naar onderdeel van de situatieanalyse;
- ingedeeld naar doelgroep;
- ingedeeld naar methode van onderzoek.

Opdrachten

8. Geef voor de volgende gevallen aan:
   - of er beschrijvend of verklarend onderzoek nodig is;
   - bij welke instrument van de marketingmix het onderzoek hoort;
   - op welke doelmarkt het onderzoek gericht moet zijn;
   - of het eenmalig of continu onderzoek moet zijn;
   - of er vooral kwantitatieve of kwalitatieve gegevens verzameld moeten worden.
   a. CannyFruit bv wil onderzoek uit laten voeren naar het effect van haar reclamecampagne op de merkbekendheid.
   b. Talk2 wil laten onderzoeken of mensen eigenlijk wel belangstelling hebben voor die nieuw ontwikkelde netwerkfoon.
   c. FastLink bv wil de capaciteit van alle distributiecentra in de Benelux in kaart hebben.
   d. Supermarkt 1-Uit-1000 laat de prijselasticiteit van de vraag onderzoeken omdat haar aanbiedingen de laatste tijd weinig succes hebben.
   e. Spies-R-US wil mystery shoppers inzetten om na te gaan of het niveau van de dienstverlening in de winkels wel voldoende is.
   f. FitsU wil steeds op de hoogte zijn van de laatste trends die leven onder verschillende groepen Nederlanders onder de 30.

9. a. Wat is het verschil tussen een enquête en een diepte-interview?
   b. Bedenk wat voor informatie het observeren van klanten op kan leveren.

10. Stel, je wilt een kledingwinkel beginnen en je zoekt een geschikte locatie. Geld voor onderzoek heb je niet, dus je gaat zelf speuren. Bedenk een aantal manieren om te onderzoeken welke locatie in de stad voor jou aantrekkelijk zou zijn. Geef van iedere manier aan of het bureauonderzoek of veldonderzoek is.

1.3   Het marktonderzoeksproces

Net als bij de marketingplanning werk je bij marktonderzoek volgens een aantal stappen, of fasen. Bij elkaar vormen die fasen het marktonderzoeksproces. Er zijn drie hoofdfasen: de voorbereiding, die mondt uit in je onderzoeksopzet. Vervolgens voer je het onderzoek uit, of je laat het uitvoeren. In de derde en laatste fase verwerk je de verzamelde gegevens en analyseer je die. Dat mondt uit in de rapportage van het onderzoek. De rapportage kan bestaan uit een onderzoeksrapport of uit een presentatie; of uit allebei.

De voorbereiding begint met de probleemstelling: je formuleert de vraagstelling en het bijbehorende onderzoeksdoel. Daarbij noteer je zo precies mogelijk welke informatie je nodig hebt. Daarna breng je in kaart waar je die informatie kunt vinden. Als er secundaire gegevens beschikbaar zijn, begin je alvast met een deel van de uitvoering: bureauonderzoek. Als je daarmee de probleemstelling helemaal kunt beantwoorden, kun je direct door naar de fase gegevensverwerking en analyse.

Nadat je zo veel mogelijk informatie verzameld hebt met bureauonderzoek, kom je voor de beslissing of er nog veldonderzoek nodig is. Daarbij vraag je je drie dingen af:

- Is veldonderzoek *nodig* om ontbrekende informatie te verzamelen?
- Zo ja, is het ook *mogelijk* om aan die informatie te komen?
- Zo ja, wegen de voordelen op tegen de kosten?

onderzoeksopzet

Pas als al deze drie vragen met 'ja' beantwoord zijn, schakel je terug naar de voorbereiding; maar nu voor veldonderzoek. Je stelt de *onderzoeksopzet* op. Daarin beschrijf je de methode van veldonderzoek (zie hoofdstuk 3), de middelen (mensen, budget) en de procedure waarmee je de benodigde primaire gegevens wilt verzamelen. Een uitgebreide versie daarvan is een *marktonderzoeksplan*. Dat bestaat uit een beschrijving van het voorgenomen onderzoeksproces plus tijdsplanning, taakverdeling (uitvoerenden) en begroting.

marktonderzoeksplan

terugkoppeling

Net als in alle geplande bedrijfsprocessen koppel je tijdens elke fase terug naar de vorige fasen.

- Klopt de probleemstelling wel? Ook al denk je dat vraagstelling en onderzoeksdoel helemaal helder zijn, tijdens een onderzoek kun je erachter komen dat de zaak toch iets anders ligt.
- Zijn de informatiebehoefte en de bronnen wel correct vastgesteld?
- Klopt de onderzoeksopzet?
- Zijn de gegevens op de correcte manier verzameld?
- Is de verwerking en analyse van gegevens correct uitgevoerd?

Hierbij kan flexibiliteit nodig zijn. Als blijkt dat het werk niet volgens het onderzoeksdoel verloopt, kan het nodig zijn om snel bij te sturen en bijvoorbeeld de probleemstelling aan te passen.

haalbaarheid

Het klinkt logisch om marktonderzoek te gaan doen als je informatie nodig hebt. Maar zoals bij alle beslissingen die geld kosten, moet je wel overwegen of de kosten zich terug gaan verdienen. In principe geldt dat je alleen aan marktonderzoek begint, als de verwachte opbrengsten groter zijn dan de kosten. De kosten van pretesting voor een reclamecampagne verdienen zich meestal dubbel en dwars terug, doordat de campagne meer impact heeft. Bovendien voorkom je ermee dat de campagne weggegooid geld blijkt te zijn.

In veel andere gevallen zijn de verwachte opbrengsten van het onderzoek moeilijk te schatten; die hangen voor een deel juist af van de ontbrekende informatie waar het onderzoek voor nodig zou zijn. Er zijn bedrijven die bijvoorbeeld een vast percentage van de omzet besteden aan marktonderzoek. *Taakstellend* te werk gaan is beter: steeds opnieuw afwegen welke informatie nodig is en of het verantwoord is om die te verzamelen.

marktonderzoeks-
proces

Het *marktonderzoeksproces* bestaat uit de fasen probleemstelling vaststellen, onderzoeksopzet maken, gegevens verzamelen, verwerken en analyseren, en rapporteren.

Onthoud

Het marktonderzoeksproces

Stap 1   Probleemstelling → vraagstelling en onderzoeksdoel.

Stap 2   Exacte beschrijving informatiebehoefte.
Vaststellen uit welke bronnen je die kunt halen.

Stap 3   Bureauonderzoek, verzamelen secundaire gegevens.
Is het onderzoeksdoel daarmee gehaald?   Ja → ga naar stap 6.
Nee → ga naar stap 4.

Stap 4   Onderzoeksopzet maken voor veldonderzoek.
Daarin beschrijf je de methode, de middelen en de procedure waarmee je de primaire gegevens wilt verzamelen.
Is onderzoek verantwoord, gezien de kosten? (als 'nee': stop).

Stap 5   Verzamelen primaire gegevens.

Stap 6 Gegevensverwerking en analyse.
Interpreteren en conclusies trekken.

Stap 7 Rapportage.
Schriftelijk verslag uitbrengen van het onderzoek en de conclusies
en/of mondelinge presentatie.

uitbesteden of niet

Zowel bij bureauonderzoek als bij veldonderzoek kom je voor de vraag te staan: zelf doen of uitbesteden aan een marktonderzoeksbureau? Het antwoord hangt af van de ervaring, kennis en personeelssterkte die jouw onderneming zelf in huis heeft op dit gebied, en van de kosten waartegen een bureau het onderzoek kan uitvoeren. Het feit dat buitenstaanders met een frissere blik tegen de probleemstelling aankijken, kan ook een rol spelen bij de beslissing om onderzoek uit te besteden.

In de praktijk kom je bedrijven tegen die alle onderzoeken uitbesteden, maar er zijn ook veel bedrijven die een deel van hun onderzoek zelf uitvoeren. Een eigen marktonderzoeksafdeling blijkt het risico op te leveren dat die medewerkers zich zo sterk op de methoden en technieken van het onderzoek richten, dat ze te weinig letten op de bijdrage die de informatie moet leveren aan de marketingplanning en de ondernemingsplanning.

Bij het uitbesteden van marktonderzoek kom je de volgende stappen tegen:
- geschikte marktonderzoeksbureaus zoeken;
- vrijblijvende offertes opvragen, ter indicatie;
- een bureau kiezen;
- het bureau briefen (uiteenzetten van de opdracht);
- de vaste offerte beoordelen;
- de opdracht verstrekken.

MOA

Esomar

Om geschikte bureaus te zoeken kun je onder andere terecht bij de *MOA* (www.moaweb.nl), waar veel marktonderzoeksbureaus bij aangesloten zijn. Op Europees niveau is *Esomar* de vereniging van marktonderzoeksbureaus. Als er binnen je bedrijf al ervaring is met zulke bureaus neem je die natuurlijk mee. Bij een beperkt aantal bureaus die geschikt lijken, kun je een prijsindicatie vragen.

Heb je eenmaal een bureau gekozen, dan kom je toe aan de *briefing*: precieze instructies verstrekken. Daarin geef je achtergrondinformatie over jouw bedrijf, het aanbod en de markt. Je maakt de probleemstelling duidelijk en je zet alle informatie op een rij die van belang is voor de onderzoeksopzet en de uitvoering van het onderzoek: welke informatie er precies nodig is, wat jullie ideeën zijn over de uitvoering, hoeveel het mag kosten, wanneer het klaar moet zijn, of je alleen onderzoeksresultaten wil of ook advisering. Daarna kan het bureau een vaste offerte uitbrengen. Als je goed overlegd hebt, is die volgens verwachting en kan jouw bedrijf de opdracht verstrekken.

Opdrachten

11. a. Leg uit waarom bureauonderzoek in het marktonderzoeksproces altijd voorafgaat aan veldonderzoek.
    b. In welk geval maakt veldonderzoek zeker geen deel uit van het onderzoeksproces?
    c. Geef nog twee mogelijke redenen om niet over te gaan tot veldonderzoek.

12. a. Van welke overwegingen hangt het af of een bedrijf marktonderzoek zelf uitvoert of laat uitvoeren?
    b. Waarom kan het gevaarlijk zijn om deze beslissing puur van de financiën af te laten hangen?

13. a. Welke stappen onderneem je voordat jouw bedrijf definitief een opdracht voor marktonderzoek verstrekt?
    b. Welke onderwerpen horen bij een goede briefing voor marktonderzoek?

1.4   Samenvatting

Marktonderzoek kan nodig zijn om marketingvragen goed te kunnen stellen en te beantwoorden. De informatie kan gebruikt worden om kansen en bedreigingen beter in kaart te brengen (*informatieve* functie), om op ideeën te komen en goede beslissingen te nemen (*creatieve* functie) en om de gevolgen van een marketingstrategie zichtbaar te maken (*bewakingsfunctie*). Met continu onderzoek kun je ontwikkelingen zichtbaar maken en volgen (informatieve functie).Onderzoek start met een *probleemstelling*. Die bestaat uit de onderzoeks*vraag* en een bijbehorend onderzoeks*doel*, dat aangeeft op welke manier je die vraag wilt beantwoorden.

Verkennend of exploratief onderzoek kan nodig zijn om de probleemstelling helder te krijgen of om de opzet voor een groter onderzoek goed voor te bereiden. Met *beschrijvend* onderzoek breng je een verschijnsel of ontwikkeling in kaart. Het doel van *verklarend* onderzoek is om de oorzaak van iets boven water te krijgen. Marktonderzoek kun je ook indelen naar marketinginstrument, naar deelanalyse van de situatieanalyse, naar doelgroep, naar tijdsduur (ad hoc of continu), naar het soort gegevens (kwantitatief of kwalitatief), naar onderzoeksmethode en naar het aantal opdrachtgevers.

Het marktonderzoeks*proces* start met de probleemstelling, plus een precieze beschrijving van de informatiebehoefte en de mogelijke bronnen daarvoor. Na bureauonderzoek (desk research) naar secundaire gegevens ga je na of in de informatievoorziening is voorzien. Zo nee, dan volgt de onderzoeks*opzet* voor veldonderzoek (field research). De volgende fasen zijn: primaire gegevens verzamelen, verwerking en analyse. Je rondt een onderzoek af door de resultaten te rapporteren. Tijdens elke fase koppel je de resultaten terug naar de vorige fasen om het proces te bewaken.

Marktonderzoek moet meer op kunnen brengen dan het kost. De keuze tussen uitbesteden of zelf uitvoeren hangt af van de eigen kennis en ervaring, van de capaciteit, van een kostenvergelijking en van de behoefte aan inbreng van buitenstaanders. Bij het inschakelen van een marktonderzoeksbureau is een *briefing* nodig, een gerichte instructie van achtergrond, probleemstelling en wensen voor de uitvoering van het onderzoek.

1.5   Begrippen

Briefing	Instructies en benodigde informatie verstrekken, bij het uitbesteden van onderzoek aan een extern bureau.
Marktonderzoek	Systematisch verzamelen en analyseren van informatie die nodig is om marketingvragen goed te kunnen stellen en te beantwoorden.
beschrijvend ~	om een verschijnsel of ontwikkeling in kaart te brengen.
verkennend ~	om probleemstelling en onderzoeksdoel goed in kaart te brengen.

verklarend ~	om de oorzaak van een verschijnsel of ontwikkeling op te sporen.
Marktonderzoeksplan	Beschrijving van het voorgenomen onderzoeksproces plus tijdsplanning, taakverdeling en begroting.
Marktonderzoeksproces	Bestaat uit de fasen probleemstelling vaststellen, onderzoeksopzet maken, gegevens verzamelen, verwerken en analyseren; en rapporteren.
Onderzoeksopzet	Beschrijving van methode van veldonderzoek, de middelen en de onderzoeksprocedure.
Probleemstelling	Bestaat uit de vraagstelling en het onderzoeksdoel.

2 Bureauonderzoek

2.1   Bronnen voor bureauonderzoek

Als je eenmaal de probleemstelling en het onderzoeksdoel hebt vastgesteld, weet je naar welke informatie je op zoek bent. Je start met de gegevens die het makkelijkst te verzamelen zijn: binnen je eigen bedrijf. Bij het opstellen van de interne analyse is al veel informatie verzameld, maar nu je een gericht onderzoeksdoel hebt, kan het zinvol zijn nog eens gericht na te gaan of er nog meer interne informatie te vinden is.

interne bronnen

Interne bronnen zijn de verschillende afdelingen, zoals de administratie, de verkoopafdeling en de marketingafdeling zelf. Daarbij moet je niet alleen aan het archief denken, maar ook aan de ervaring van de collega's. De eigen verkopers of vertegenwoordigers kunnen een belangrijke bron van informatie zijn over het koopgedrag van klanten: wat is voor hen belangrijk, wat zijn de redenen van 'nee' verkopen, welk soort klanten komt op ons aanbod af? Als jouw bedrijf dit soort informatie systematisch verzamelt, bijvoorbeeld in de vorm van een regelmatig tevredenheidsonderzoek, heb je veel belangrijke marktinformatie al in huis. Ook is het verstandig om verkopers alle problemen in het contact met klanten te laten registreren.

datamining
MIS

Het geautomatiseerd registreren van verkooptransacties levert een database op met een schat aan marketinginformatie. Je kunt er marktsegmenten in ontdekken met verschillend koopgedrag, je kunt het koopgedrag per product nagaan enzovoort. Het analyseren van die database noemt men ook wel *datamining*. Daar bestaat speciale software voor. Er zijn (grotere) ondernemingen die werken met een Marketing Informatie Systeem (MIS). Dat is een combinatie van databases met marketinginformatie. Zo'n bedrijf verzamelt dus regelmatig en systematisch gegevens die van belang zijn voor de marketing. Als jouw bedrijf zo'n MIS heeft, vormt die natuurlijk de eerste stop bij het onderzoek: nagaan welke informatie over de probleemstelling aanwezig is.

externe bronnen Er zijn ook veel externe bronnen waar je terecht kunt voor gegevens die al verzameld zijn. De meeste vind je op het internet. Er zijn ook veel organisaties die zijn gespecialiseerd in informatieverstrekking. Hieronder zie je de belangrijkste bronnen.

- Het CBS is de overheidsdienst voor statistiek (www.cbs.nl, toegang tot een grote database via statline.cbs.nl). Je kunt er gegevens vinden over de opbouw van de bevolking, over de economie en nog veel meer macrogegevens, maar ook veel bedrijfstakinformatie (ook op cbsvooruwbedrijf.nl).
- Eurostat (epp.eurostat.ec.europa.eu) is de statistische dienst van de EU.
- Bij het Centraal Planbureau (www.cpb.nl) vind je vooral macro-economische gegevens.
- Ook De Nederlandsche Bank publiceert gegevens op macro-economisch terrein (www.statistics.dnb.nl).
- Het Sociaal en Cultureel Planbureau (www.scp.nl) geeft rapporten uit over sociaal-economische en onderwerpen en culturele trends, onder andere het Tijdsbestedingsonderzoek.
- De verenigde *Kamers van Koophandel* (www.kvk.nl) hebben informatie per bedrijfstak en, via het Handelsregister, ook per bedrijf. Ook kun je er informatie krijgen over handel met het buitenland en praktische informatie voor (startende) ondernemers, bijvoorbeeld over vergunningen en subsidies. De site is ook geschikt voor het zoeken van informatie over je eigen regio.
- De Rijksdienst voor Ondernemend Nederland (rvo.nl) heeft informatie over duurzaam ondernemen, innovatie en internationaal ondernemen.
- Werkgeversorganisaties, zoals MKB Nederland (www.mkb.nl), verstrekken praktische informatie voor ondernemers en bedrijfstakinformatie.
- Het IMK (www.imk.nl) richt zich vooral op informatie over de regelgeving voor kleinere ondernemers.
- Panteia (panteia.nl) voert in opdracht economische studies uit en beheert ook de kennissite MKB en Ondernemerschap (ondernemerschap.panteia.nl). Je kunt hun informatiecentrum met bibliotheek bezoeken en zij kunnen ook tegen betaling secundaire gegevens voor je verzamelen.

Bij de meeste van deze instellingen vind je al veel informatie op de website. Als je niet kunt vinden wat je zoekt, kan een telefoontje zeker de moeite lonen.

sneeuwbalmethode

In veel gevallen kunnen medewerkers je helpen met tips en ingangen voor informatie. Het is ook nuttig om die medewerker daarna te vragen naar tips over beschikbaarheid van vergelijkbare informatie. Dit heet de *sneeuwbal-methode*. Omdat die contactpersoon dagelijks werkt met het soort informatie dat jij zoekt, kent hij waarschijnlijk meer ingangen dan jij.

per bedrijfstak

Bijna elke bedrijfstak heeft wel een belangenorganisatie of brancheorganisatie. Deze verenigingen van ondernemingen verzamelen ook informatie over hun branche. Een deel van de informatie verstrekken ze gratis, een ander deel is alleen toegankelijk voor leden of tegen betaling. Een voorbeeld van een brancheorganisatie is de ANVR (Algemene Nederlandse Vereniging van Reisondernemingen).

vakbladen

Voor bijna elk vak en elke bedrijfstak is er wel een (online) *vakblad* te vinden. Het is altijd verstandig om vakbladen op het terrein van je eigen bedrijf regelmatig bij te houden. Ook voor de marketing zelf zijn er vakbladen, zoals marketing-online.nl, Adformatie.nl, emerce.nl of Marketingtribune.nl.

overheid

banken

Met vragen over een bepaalde ontwikkeling of over regelgeving kun je in veel gevallen terecht bij het *ministerie* dat zich met het onderwerp bezighoudt. De overheid heeft tenslotte ook belang bij een sterk bedrijfsleven. Op plaatselijk en regionaal niveau kun je aankloppen bij de gemeente of de provincie. Ook *banken* hebben belang bij een bloeiend bedrijfsleven. Zij kunnen in veel gevallen helpen met informatie voor bedrijfsvoering en over bedrijfstakken.

marktonderzoeks-bureaus

Het is verstandig om een kijkje te nemen op de sites van verschillende markt-onderzoeksbureaus om na te gaan welke informatie er beschikbaar is. Het kan ook zeker geen kwaad om te bellen met een medewerker, ook al wil je nog helemaal geen onderzoek uit laten voeren. De medewerker kan even met je meedenken en je misschien op een spoor zetten. Zij hebben belang bij een goed imago. Of misschien is er al onderzoek verricht naar de informatie die jij zoekt. Toegang tot de resultaten van zulk verzamelonderzoek kost wel geld, maar dat pakt toch een stuk goedkoper uit dan zelf veldonderzoek (laten) uitvoeren. Deze bureaus weten ook veel over verschillende bedrijfstakken.

databanken

Er bestaan ook *databanken* met informatie, zoals www.narcis.nl, www.knaw.nl en www.dans.knaw.nl, met vooral resultaten van universitair onderzoek, ook met onderzoeksresultaten op sociaal en maatschappelijk gebied.

Onthoud

Belangrijke bronnen bij bureauonderzoek:

- internet;
- instellingen voor onderzoek en statistiek;
- brancheorganisaties, belangenorganisaties;
- overheid;
- vakbladen;
- bureaus voor marktonderzoek;
- databanken.

Opdrachten

1. a. Wat is het verschil tussen datamining en het werken met een MIS?
   b. Wat is het verschil tussen datamining en zoeken in een databank zoals MarketingData?

De volgende opdrachten kun je individueel uitvoeren of met je werkgroep. Je gaat op zoek naar secundaire gegevens over een bepaalde bedrijfstak.

2. a. Kies een bedrijfstak, of verdeel verschillende bedrijfstakken over de werkgroepen (bijvoorbeeld horeca, vervoer, autobranche, detailhandel of groothandel). Het is verstandig om een bedrijfstak te kiezen die je kent.
   b. Richt een denkbeeldig bedrijf op, of kies een bestaand bedrijf dat je goed kent, en zoek daarvoor de informatie.
   c. Presenteer de verzamelde informatie bij opdrachten 3 t/m 6 aan de rest van de klas.

3. Ga naar cbsvooruwbedrijf.nl. Zoek de branche van jullie bedrijf en ga na welke informatie je daarover kunt vinden bij het CBS.

4. Ga naar statline.cbs.nl. Zoek op thema. Stel een tabel samen die voor jullie bedrijf interessant is, en download die.

5. Open tns-nipo.com en zoek naar multi client. Beschrijf welke onderzoeken voor jullie geschikt kunnen zijn en hoeveel die informatie kost.

6. - Open www.ondernemersplein.nl.
   - Zoek eerst het terrein waarop jullie bedrijf actief is.
   - Zoek uit welke ontwikkelingen bij de wetgeving voor jullie van belang zijn.

- Zoek ook op welke brancheorganisaties er zijn. Zoek uit welke het best bij jullie bedrijf past en ga na welke informatie je bij die brancheorganisatie kunt vinden.

2.2   Analyse van secundaire gegevens

Secundaire gegevens zijn meestal stukken goedkoper dan primaire gegevens en het verzamelen gaat sneller. Aan de andere kant zijn deze gegevens niet speciaal voor jouw probleemstelling verzameld, dus loop je het risico dat de gevonden informatie daar maar matig bij aansluit. Daarom onderzoek je de gegevens grondig:
- Komen ze wel uit een betrouwbare bron?
- Zitten er geen fouten in?
- Hoe zijn de gegevens verzameld? Zijn ze wel door deze instelling verzameld of door een andere organisatie? Of zijn het misschien *extrapolaties*, het doortrekken van een ontwikkeling naar de toekomst?
- Zijn de gegevens niet te oud om nog antwoord te kunnen geven op de probleemstelling?
- Zijn de verschillende gegevens die je verzameld hebt, wel onderling vergelijkbaar?

Bij de vergelijkbaarheid kun je problemen krijgen met verschillende perioden of met verschillende definities. De ene instelling definieert de markt voor fastfood bijvoorbeeld inclusief automatieken en de andere niet, terwijl de andere de broodjeszaken erin heeft zitten die de eerste instelling niet heeft meegenomen in het onderzoek.

Net zulke problemen kunnen ontstaan doordat gegevens zijn samengevoegd. Als je gegevens over de frisdrankmarkt zoekt, heb je weinig aan gegevens over de complete markt voor voeding en drank. Het kan in zo'n geval wel de moeite lonen om de instelling te bellen (of te mailen) en te vragen of de cijfers misschien in uitgesplitste vorm beschikbaar zijn. Heb je eenmaal secundaire gegevens die deze 'tests' kunnen doorstaan, dan kom je toe aan het verwerken en analyseren. De kunst is om de informatie zó te presenteren dat die een bijdrage levert aan het oplossen van de probleemstelling. In sommige gevallen is de informatie al kant-en-klaar, bijvoorbeeld als je duidelijke voorlichting over nieuwe regelgeving hebt gevonden op de site van een ministerie.

Bij marktonderzoek gaat het vaak om het signaleren van ontwikkelingen en trends. Om daar goed zicht op te krijgen heb je onderzoeksresultaten nodig die op regelmatige tijdstippen verkregen zijn, bijvoorbeeld elk jaar of elk kwartaal. Je krijgt dan een *tijdreeks* ofwel een *historische* reeks. Dat is een reeks waarden van hetzelfde verschijnsel, dat op regelmatige tijdstippen is gemeten. Het kan gaan om allerlei soorten gegevens, bijvoorbeeld:

tijdreeks

- afzet, omzet, winst, aantal klantbezoeken;
- merkbekendheid en merkvoorkeur;
- marktaandeel of marktaandelen.

Tijdreeksen worden veel gebruikt bij allerlei soorten analyses, zoals marktanalyse, concurrentieanalyse of omgevingsanalyse. Tijdreeksen zijn niet alleen handig om zicht te krijgen op een ontwikkeling; je kunt ze ook gebruiken als basis om vooruit te kijken. Het voorspellen van toekomstige ontwikkelingen is een *prognose*.

prognose

Vaak wil je verschillende tijdreeksen met elkaar vergelijken, om te ontdekken of er een verband bestaat. Neem deze twee reeksen, van CBS Statline:

	Gemiddeld besteedbaar inkomen per huishouden	Totale uitgaven aan vakanties (in miljard euro)
2001	27.500	8,6
2002	28.300	9,7
2003	28.300	9,8
2004	29.000	10,1
2005	29.400	10,3
2006	30.600	10,4
2007	32.600	11,1
2008	33.100	12,6
2009	33.300	12,3
2010	33.200	12,3
2011	33.100	12,3
2012	33.200	12,9

Stel dat je werkt aan de marketing bij een groot reisbureau. Het is interessant voor jullie om te weten of bestedingen aan vakantie sneller toenemen dan het inkomen of juist niet. Maar aan deze tabel kun je dat niet zo snel aflezen.

indexeren

Om verschillende tijdreeksen beter te kunnen vergelijken is het handig om ze te *indexeren*. Daarbij kies je een basisperiode die voor de verschillende reeksen hetzelfde moet zijn. Voor die periode stel je de verschillende waarden op 100. Alle andere waarden vertaal je als percentage van de waarde van het basisjaar. Als je de laatste tabel indexeert met het jaar 2001 als basisjaar, krijg je dit:

	Gemiddeld besteedbaar inkomen per huishouden	Totale uitgaven aan vakanties
2001	100	100
2002	103	113
2003	103	114
2004	105	117
2005	107	120
2006	111	121
2007	119	129
2008	120	147
2009	121	143
2010	121	143
2011	120	143
2012	121	150

Door beide tijdreeksen te indexeren, met dezelfde basisperiode, maak je de ontwikkeling en de vergelijking in één oogopslag zichtbaar. In het voorbeeld stijgen de totale bestedingen aan vakanties sneller dan het inkomen, zelfs in tijden van laagconjunctuur.

indexcijfer

Een *indexcijfer* is een verhoudingsgetal, dat de waarde van de verslagperiode aangeeft in procenten van de waarde van de basisperiode. Je zet alleen het %-teken er niet bij. De formule voor de berekening van enkelvoudige indexcijfers:

$$\frac{\text{waarde verslagperiode}}{\text{waarde basisperiode}} \times 100$$

In het voorbeeld zijn de indexcijfers voor 2003 zo berekend:

$$\frac{28.300}{27.500} \times 100 = 103 \qquad \frac{9,8}{8,6} \times 100 = 114$$

De periode waar je mee bezig bent, heet de *verslag*periode. De basisperiode moet je zó kiezen, dat die niet al te ver in het verleden ligt en dat het ook geen 'uitschieter' is in één van de verschillende reeksen; het moet een normale waarde zijn, geen extreme waarde. Deze indexcijfers zijn *enkelvoudig*, dat wil zeggen dat ze de ontwikkeling van de reeks van één gegeven zichtbaar maken.

Indexeren maakt je informatie in veel gevallen overzichtelijker. In een spreadsheet bereken je ze in een handomdraai.

Opdrachten

7. a. Wat is het voordeel van bureauonderzoek?
    b. Noteer vier mogelijke problemen bij het werken met secundaire gegevens.

8. Indexeer deze tijdreeks van de omzet van CoDesign (× € 1.000,-). Neem 2007 als basisjaar.

2005	2006	2007	2008	2009	2010	2011	2012	2013	2014
83,2	92,7	136,5	144,7	143,8	161,1	189,0	204,8	210,3	199,3

9. a. Indexeer van onderstaande tabel beide tijdreeksen met cursusjaar 2000/2001 als basisjaar.
    b. Welke conclusie kun je trekken op grond van de indexcijfers?

aantal leerlingen en geslaagden in het mbo		
cursusjaar	totaal	geslaagd
2000/2001	451.988	128.697
2001/2002	462.717	130.658
2002/2003	473.025	132.866
2003/2004	478.781	139.719
2004/2005	474.273	142.487
2005/2006	483.812	146.300
2006/2007	496.227	148.753
2007/2008	509.642	155.804
2008/2009	513.925	161.752
2009/2010	522.274	200.375
2010/2011	528.009	175.385

Bron: CBS

10. a Indexeer onderstaande tijdreeks met 1980 als basisperiode.
    b. Waarom zou je niet 1940 als basisperiode moeten nemen?

frisdrankconsumptie Nederland in liters per hoofd van de bevolking												
1940	1950	1960	1965	1970	1975	1980	1985	1990	1995	2000	2005	2010
4,0	6,0	13,0	32,0	55,5	58,8	59,0	57,8	71,0	80,6	91,0	94,3	101,8

Bron: NFI/fws

11. a. Je werkt bij CannyFruit bv en analyseert de frisdrankmarkt. Je indexeert
      onderstaande secundaire gegevens met als basisjaar 1990.
      Welk land vormde in dit decennium de meest interessante markt? Welk
      land komt op de tweede plaats? In de markt van welk land zat het minste
      leven?
    b. Indexeer de gegevens opnieuw, maar nu met 1995 als basisjaar. Welke
      verschillen vallen op?
    c. CannyFruit kwam in 1996 op de markt. Welk basisjaar is voor
      CannyFruit het beste?
    d. Op practicx.nl vind je bij dit boek meer oefenmateriaal voor indexcijfers.

Frisdrankconsumptie in liters per hoofd in enkele landen	1990	1995	2000	2005	2010
België/Luxemburg	89,0	87,1	93,5	105,8	115,3
Denemarken	47,0	85,1	88,6	86,8	89,3
Duitsland	85,0	89,7	103,1	107,6	124,5
Frankrijk	36,5	41,7	38,6	48,7	58,2
Ierland	67,3	96,0	116,7	96,7	92,4
Italië	38,2	57,0	50,6	55,2	57,0
Nederland	71,0	80,6	91,0	94,3	101,8
Spanje	71,5	75,7	97,2	89,7	90,0
Verenigd Koninkrijk	74,4	80,0	94,1	95,1	98,3

2.3   Trends

In veel tijdreeksen kun je een duidelijke trend ontdekken, ook al is het verloop van maand tot maand of van jaar tot jaar grillig.

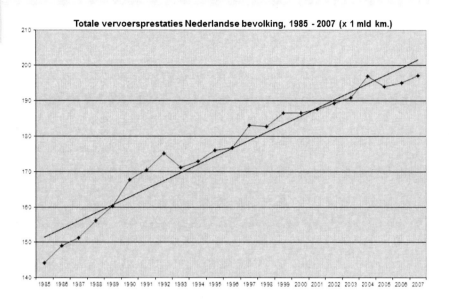

Totale vervoersprestaties Nederlandse bevolking, 1985 - 2007 (x 1 mld km.)

Figuur 2.1

In dit voorbeeld is gemeten hoeveel kilometers alle Nederlanders samen afleggen. Deze tijdswaarden zijn per twee jaar ruw afgerond weergegeven. Zo'n tijdreeks is een hulpmiddel om zicht te krijgen op de ontwikkeling van een verschijnsel. Deze reeks laat zien dat er in dit land een actief verkeersbeleid nodig is, anders krijgen we problemen.

De rechte lijn in de tijdreeks uit het voorbeeld laat ook een duidelijke trend zien: elk jaar neemt het aantal afgelegde kilometers met gemiddeld 2,5 miljard kilometer toe. Een statistische *trend* is de ontwikkeling van een gemeten verschijnsel op de lange termijn. De trend uit het voorbeeld is belangrijk voor de regering, voor wegenbouwers, voor reizigers, voor de spoorwegen, voor autofabrikanten, voor bouwbedrijven; iedereen heeft ermee te maken.

trend

lineaire trend

Er bestaan verschillende soorten trends. De trend van het aantal afgelegde kilometers in figuur 2.1 is een *lineaire* trend: de tijdswaarde neemt steeds met ongeveer hetzelfde getal toe (of af), de trend is een rechte lijn. Een trend hoeft niet lineair te zijn, de lijn kan ook afbuigen naar boven of naar beneden. Dat is bijvoorbeeld het geval bij een *exponentiële* trend, waarbij de tijdswaarde elke periode met hetzelfde percentage toeneemt (in plaats van met hetzelfde getal).

Het ontdekken van een trend in een tijdreeks kan je helpen bij het opstellen van een prognose (voorspelling). Kennis van een trend maakt je bedrijf beter voorbereid op de toekomst. Als de afdeling inkoop niet zou weten dat de omzet waarschijnlijk met 20% zal stijgen en ze sluiten te weinig contracten af, dan moeten ze op het laatste moment duurder inkopen. Trends in bijvoorbeeld omzet, marktaandeel, voorkeuren of omvang van marktsegmenten zijn belangrijk voor de marketing en de ondernemingsplanning.

extrapoleren

Een lineaire trend kun je vrij eenvoudig doortrekken naar volgende perioden, om zo een voorspelling te doen. Dat heet *extrapoleren*. Toch moet je daar voorzichtig mee zijn: een trend hoeft niet tot in het oneindige door te gaan. Er kan een trend*breuk* optreden. Stel bijvoorbeeld dat thuiswerken echt gaat aanslaan in Nederland; dan zal de trend van het aantal vervoerskilometers anders gaan lopen.

Soms is de trend snel en makkelijk herkenbaar, maar meestal is de werkelijkheid een beetje rommelig. Veel tijdreeksen laten wel een trend zien op de lange termijn, maar op kortere termijn is die trend moeilijk zichtbaar vanwege de afwijkingen. Gelukkig zit er in die afwijkingen vaak wel regelmaat.

Voorbeeld

In het aantal kilometers file op de weg kun je allerlei patronen ontdekken:
- per dag: in de spits is het drukker;
- per week: in het weekend minder files;
- per jaar: tijdens de zomervakantie is het rustiger;
- door de jaren heen: gemiddeld neemt het verkeer steeds toe.

Als je een tijdreeks gebruikt om plannen te maken, dan is het de kunst om je niet door afwijkingen van de wijs te laten brengen. Als er hele regelmatige afwijkingen zijn, dan is het goed om daar bij je plannen ook rekening mee te houden.

Voorbeeld

Wat bepaalt nou hoeveel auto's er op één moment tegelijk de weg opgaan?
- het tijdstip van de dag;
- de maand van het jaar;
- de fase in de economische conjunctuur (werkloosheid);
- de welvaart.

Opdracht

13. Geef aan welke invloed de vier punten uit het laatste voorbeeld hebben op de verkeersdrukte in Nederland.

seizoenspatroon

Als de afwijking van de trend heel regelmatig is en steeds na hetzelfde tijds-verloop opnieuw optreedt, heb je te maken met een *seizoenspatroon*. Bij seizoe-nen denkt iedereen gelijk aan een jaar met lente, zomer, herfst en winter. De temperatuur in Nederland laat een duidelijk seizoenspatroon zien.
Seizoenen in de statistiek passen altijd binnen een afgeronde tijdsduur. Dat kan een jaar zijn, maar ook een week kent 'seizoenen'. Als je op vrijdagmiddag in de trein stapt, zie je een stukje seizoenspatroon: het is dan veel drukker in de trein dan op andere middagen. Ook een dag heeft seizoenspatronen, denk aan spitsuren. Het aantal seizoenen hoeft dus geen vier te zijn.

Voorbeeld

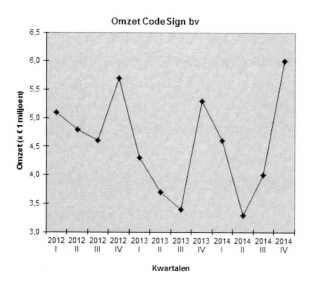

Figuur 2.2

In de omzet van CoDesign herken je duidelijk een seizoenspatroon: de piek in de verkopen ligt steeds tegen het eind van het jaar. In de eerste helft van het jaar lopen de verkopen weer terug. Behalve een vrij regelmatig seizoenspatroon is er nog iets aan deze tijdreeks te zien: het jaar 2013 verliep slechter dan het jaar daarvoor, terwijl de verkoop in 2014 weer opveerde. Dat laatste heeft niets met het seizoen te maken, maar met de economische conjunctuur (en dus met de portemonnee van de consument).

conjunctuur

Veel tijdreeksen in het bedrijfsleven kennen niet alleen seizoenspatronen, maar ook een *conjunctuur*beweging: sommige jaren groeit de economie harder dan andere. Het verschil met het seizoenspatroon is dat de conjunctuur veel minder regelmatig is. De conjunctuur is ook veel moeilijker te voorspellen, omdat ze van erg veel dingen tegelijk afhangt. Het is wel belangrijk om er rekening mee te houden: je kunt een seizoenspatroon gebruiken om je verkopen te voorspellen, maar als de werkloosheid in dat jaar sterk oploopt en de mensen minder geld uitgeven, kun je er nog flink naast zitten.

De lijn van de tijdreeks kan dus rondom de trend schommelen door seizoenspatronen en door conjunctuurbewegingen. Daarnaast kan er ook sprake zijn van toeval. Een omzetreeks kan een flinke dip krijgen door een verbouwing of door een staking. In de bouw wordt minder omzet gehaald in een strenge winter. In dit soort factoren zit geen enkele regelmaat, maar ze beïnvloeden de tijdreeks net zo goed.

Onthoud

Vier invloeden op het verloop van een tijdreeks:
- toevallige afwijking;
- seizoenspatroon;
- conjunctuurbeweging;
- trend.

Opdrachten

13. Stel, je werkt mee aan de capaciteitsplanning bij NS. Leg aan de hand van het seizoenspatroon uit waarom er vrijdagmiddag zo veel mensen zonder zitplaats moeten reizen.

14. a. Zoek nog twee voorbeelden van seizoenspatronen in het bedrijfsleven.
    b. Bedenk bij elk van je antwoorden bij a. een toevallige afwijking die het regelmatige patroon in de war kunnen sturen.
    c. Geef een voorbeeld van een seizoenspatroon binnen de tijdsperiode 'schooldag'.

15. a. Waarvoor gebruik je tijdreeksen en trendbewegingen in de marketing?
    b. Wat heeft extrapoleren daarmee te maken?

2.4 Marktomvang en vraagprognose

marktverkenning

Een belangrijk onderdeel van de marktanalyse is de omvang van de markt: hoe groot is de vraag naar onze producten of diensten? Hoe zal die vraag zich kunnen gaan ontwikkelen? Onderzoek hiernaar wordt wel markt*verkenning* genoemd.

marktaandeel

penetratiegraad

Bij de marktanalyse én bij de concurrentieanalyse is het *marktaandeel* belangrijk, dat is de verkoop van een bepaald product of merk als percentage van de totale marktomvang (op basis van afzet of van omzet). Het kan ook zinvol zijn om te kijken naar het deel van de mogelijke markt dat al bediend is. Je bent dan bezig met de *marktpenetratie* ofwel de *penetratiegraad*. Dat is het aantal bezitters of gebruikers van een artikel van een bepaalde aanbieder als deel van het totaal aantal bezitters of gebruikers. Bij duurzame gebruiksgoederen gaat het om bezitters, bij verbruiksgoederen gaat het om gebruikers. Marktaandeel en penetratiegraad zijn *kengetallen*, verhoudingsgetallen waarmee je de informatie snel en overzichtelijk kunt weergeven.

Voorbeeld

75% van de 5 miljoen huishoudens heeft een auto. Met betere marketing zou dat 80% kunnen zijn. Er zijn in dat land 160.000 auto's van het merk Snorris in bezit. De bezitsgraad van Snorris is:

- aantal bezitters Snorris
- aantal autobezit: $\dfrac{160.000}{4.000.000} \times 100 = 4\%$

De totale omvang van een markt kun je voor een deel van de bedrijfstakken vinden bij de brancheorganisatie. Het CBS heeft productiestatistieken, waarmee je kunt achterhalen hoeveel er per maand geproduceerd is. Hoeveel er verderop in het distributiekanaal, bij de detailhandel verkocht wordt, kun je achterhalen via het continu-onderzoek dat bureau Nielsen uitvoert met detaillistenpanels. Voor die informatie moet je wel betalen. Op het niveau van de consument kun je onder andere terecht bij bureau GfK, dat werkt met consumentenpanels.

marktomvang

Er bestaan ook formules om zelf bij benadering de marktomvang te berekenen. Voor verbruiksartikelen is dat:

aantal gebruikers × verbruiksfrequentie × verbruiksintensiteit.

De verbruiks*frequentie* is het aantal keren dat een klant het artikel gemiddeld verbruikt per periode, bijvoorbeeld per maand of per jaar. De verbruiks*intensiteit* is het gemiddeld verbruik per keer.

Voorbeeld

Uit een consumentenenquête blijkt dat 85% van de Nederlanders drop eet. 85% van 16 miljoen is 13.600.000 gebruikers. De verbruiksfrequentie blijkt gemiddeld 1,5 keer per week te zijn en de verbruiksintensiteit 12 gram per keer. Daarmee komt de totale marktomvang op:

13.600.000 × 1,5 × 0,012 = 244.800 kilo drop per week.

De vraag naar duurzame gebruiksgoederen kun je splitsen in initiële vraag, additionele vraag en vervangingsvraag. De *initiële* vraag komt van alle klanten die het artikel voor de eerste keer kopen. *Additionele* vraag komt van klanten die een extra exemplaar aanschaffen, denk aan een tweede tv of een tweede auto. De initiële plus de additionele vraag vormen samen de *uitbreidings*vraag. Klanten die het product inruilen of een oude vervangen door een nieuwe vormen samen de *vervangings*vraag.

initiële vraag
additionele vraag

vervangingsvraag

Als je ervan uitgaat dat vrijwel alle bestaande klanten hun gebruiksgoed na afloop van de levensduur zullen vervangen, kun je de vervangingsvraag berekenen door het aantal producten, dat nu in gebruik is, te delen door de gemiddelde levensduur.

Er zijn op het moment 3,5 miljoen blu ray-spelers in gebruik en de gemiddelde levensduur is 7 jaar. Als de mensen deze spelers blijven gebruiken, dan komt de vervangingsvraag op gemiddeld

$$\frac{3.500.000}{7} = 500.000 \text{ apparaten per jaar.}$$

Als de vraag gelijkmatig over de jaren is verdeeld, kun je met dit sommetje werken. Als de uitbreidingsvraag voor dit jaar geschat wordt op 300.000 apparaten, dan is de marktomvang dit jaar

$$300.000 + 500.000 = 800.000 \text{ blu ray-spelers.}$$

Maar als bijvoorbeeld 50% van de spelers vier jaar geleden is verkocht, is er over drie jaar een piek in de vervangingsvraag te verwachten. Als de initiële vraag *niet* gelijk over de jaren verdeeld is, is het beter om met een tabel te werken. Dat is zeker het geval als de markt nog niet verzadigd is: de initiële vraag is dan nog aan het groeien.

In 2007 is de WAP-Snap!-console geïntroduceerd. De helft van de consoles wordt na twee jaar vervangen, de rest na drie jaar. Het verloop van de vraag zie je in de tabel.

		levensduur		
		2 jaar	3 jaar	
	uitbreidingsvraag	vervangingsvraag		totaal
2007	150.000			150.000
2008	250.000			250.000
2009	450.000	75.000		525.000
2010	650.000	125.000	75.000	850.000
2011	550.000	225.000	125.000	900.000
2012	400.000	325.000	225.000	950.000
2013	300.000	275.000	325.000	900.000

Zulke berekeningen kunnen nuttig zijn om een aanwijzing te krijgen over het verloop van de vraag. Ondertussen moet je wel na blijven denken: de vraag naar veel artikelen loopt terug als de economie in een periode van laagconjunctuur terechtkomt. Er kan een nieuwe variant van het product op de markt komen of een substitutiegoed, waardoor de vraag inzakt. De ontwikkeling van een tweedehandsmarkt kan invloed hebben op de initiële vraag en de vervangingsvraag. Je zoekt dus aanvullende informatie, over het verloop van de conjunctuur, over introducties van vergelijkbare producten en over vraag en aanbod op de tweedehandsmarkt. Om aan informatie te komen voor een vraagprognose kan ook kwalitatief onderzoek onder experts nuttig zijn (zie paragraaf 4.1).

Onthoud	Berekening van de vraag

- verbruiksgoederen:
  aantal gebruikers × verbruiksfrequentie × verbruiksintensiteit
- gebruiksgoederen bij gelijk verdeelde initiële vraag:

$$\text{uitbreidingsvraag} + \frac{\text{aantal in gebruik}}{\text{gemiddelde levensduur}}$$

Opdrachten

16. Bereken de verwachte vraag naar WAP-Snap!-consoles in 2014 en 2015, als de uitbreidingsvraag in die jaren uit zal komen op 200.000 stuks in 2014 en 85.000 stuks in 2015. Gebruik hiervoor de tabel uit het laatste voorbeeld.

17. Je zit aan je bureau bij CannyFruit bv en je analyseert de frisdrankmarkt.
    a. Is frisdrank een gebruiksgoed of een verbruiksgoed?
    b. Open www.frisdrank.nl. Bij welke brancheorganisatie word je welkom geheten?
    c. In 2012 was de totale consumptie 1.705,5 miljoen liter, de consumptie per hoofd was 101,9 liter. CannyFruit verkocht in dat jaar 188 miljoen liter in Nederland. Bereken het marktaandeel.
    d. Deel het antwoord van c. door de consumptie per hoofd in datzelfde jaar. Hoe is de consumptie per hoofd berekend?
    e. Welke informatie ontbreekt om de marktpenetratie van CannyFruit te kunnen berekenen?
    f. 95% van de Nederlanders drinkt frisdrank. Er zijn 1,5 miljoen Nederlanders die regelmatig CannyFruit drinken. Bereken de penetratiegraad van CannyFruit.

18. a. In een land zijn 10 miljoen koelkasten in gebruik met een gemiddelde levensduur van 8 jaar. Voor komend jaar verwacht men een initiële vraag van 200.000 koelkasten en een additionele vraag van 50.000 stuks. Bereken de verwachte vraag naar koelkasten.
    b. Welke aanvullende informatie zou nuttig zijn bij het opstellen van de vraagprognose?

19. a. Er zijn een half miljoen gebruikers van aubergines. Die mensen eten gemiddeld 200 gram per keer en ze verwerken 12 keer per jaar aubergine in de maaltijd. Bereken de totale vraag naar aubergines.
    b. DistriGreen bedient 80.000 klanten met aubergines. Bereken de marktpenetratie van deze groothandel.
    c. De consumenten die aubergines van DistriGreen kopen, kopen gemiddeld 3 kg aubergines per jaar. Bereken het marktaandeel van DistriGreen op de auberginemarkt.

20. Vorig jaar is Actief! geïntroduceerd, een extra stevige espresso. Er zijn nu 400.000 gebruikers die gemiddeld elke dag 10 gram Actief! tot zich nemen. Men verwacht dat het komend jaar het aantal klanten met 20% toeneemt vanwege de promotie. 70% van alle 16 miljoen Nederlanders drinkt koffie.
    a. Bereken de te verwachten vraag naar Actief! het komende jaar.
    b. Bereken de te verwachten penetratiegraad het komende jaar.

21. De 6 miljoen boormachines die op dit moment in gebruik zijn gaan gemiddeld 5 jaar mee. Voor komend jaar verwacht men een initiële vraag van 400.000 stuks en een additionele vraag van 40.000 stuks. Stel de vraagprognose op.

22. De ontwikkeling van de initiële vraag naar netwerkspelers vind je in onderstaande tabel.

2010	2011	2012	2013	2014
20.000	40.000	80.000	140.000	160.000

De helft van deze apparaten gaat 3 jaar mee, de andere helft vier jaar. De additionele vraag is verwaarloosbaar. Stel de vraagprognose voor 2014 op.

2.5   Samenvatting

Interne bronnen voor bureauonderzoek bestaan uit afdelingsarchieven, erva-ringen van collega's, databases of een MIS (Marketing Informatie Systeem). *Extern* kun je terecht bij allerlei instellingen zoals het CBS of de Kamers van Koophandel, de overheid, banken, bedrijfstakorganisaties, vakbladen, het internet, marktonderzoeksbureaus en bij al dan niet betaalde databanken. Secundaire gegevens zijn niet duur, maar sluiten lang niet altijd goed aan bij de probleemstelling. Andere problemen kunnen zijn: de betrouwbaarheid, het tijdstip van verzamelen en de onderlinge vergelijkbaarheid.

Een deel van de informatie bestaat uit *tijdreeksen*, gegevens die op vaste tijd-stippen steeds opnieuw verzameld zijn. Om deze te analyseren, onderling te kunnen vergelijken en te gebruiken als basis voor een *prognose* is het handig om ze te *indexeren*. Daarbij kies je een basisperiode de niet te ver in het verle-den ligt en waarvan de waarde geen uitschieter is. Voor die periode stel je de waarde op 100. Voor de overige (verslag)perioden stel je de waarden voor als percentage van de waarde van de basisperiode (zonder %-teken).

Veel tijdreeksen vertonen op wat langere termijn een regelmaat, een *trend*. Als de toe- of afname van de tijdswaarde gemiddeld steeds even groot is, heb je een *lineaire trend*: de trend is te tekenen als een rechte lijn. Seizoenspatronen zijn regelmatige afwijkingen van een trend, die je in het bedrijfsleven veel tegen-komt. *Conjunctuur*bewegingen zijn onregelmatige en moeilijk voorspelbare af-wijkingen. Bij een seizoenspatroon kun je ook te maken hebben met *toevallige* afwijkingen. Een trend doortrekken naar volgende perioden heet *extrapoleren*.

Bij de marktanalyse is een *vraagprognose* vaak belangrijk voor de planning. Belangrijke kengetallen daarbij zijn het marktaandeel en de penetratiegraad. De totale *marktomvang* voor verbruiksgoederen kun je zo berekenen:

aantal gebruikers × verbruiksfrequentie × verbruiksintensiteit.

Bij gebruiksgoederen moet je de *initiële* vraag vaststellen of schatten. Tel je daarbij de *additionele* vraag op, dan heb je de *uitbreidings*vraag. Daarnaast is er nog *vervangings*vraag. Bij een gelijkmatige verdeling van de initiële vraag kun je de vervangingsvraag berekenen door het aantal producten dat in gebruik is, te delen door de gemiddelde levensduur. Anders moet je werken met een tabel. Daarnaast moet je rekening houden met de conjunctuur, met dreiging van substitutiegoederen en met de tweedehandsmarkt.

2.6   Begrippen

Additionele vraag	Vraag van klanten of huishoudens die een tweede of derde exemplaar van het gebruiksgoed erbij kopen.
Conjunctuur	Golfbeweging in de economische groei: sommige jaren groeit het nationaal product sneller, andere jaren langzamer (of krimpt het).
Extrapoleren	Toekomstige trendwaarden berekenen op grond van een bestaande trend.
Indexcijfer (enkelvoudig)	Verhoudingsgetal dat de waarde van de verslagperiode aangeeft in procenten van de waarde van de basisperiode.
Initiële vraag	Het aantal producten dat aangeschaft wordt door klanten die het artikel voor de eerste keer kopen.
Marktpenetratie (penetratiegraad)	Het aantal bezitters of gebruikers van een artikel van een bepaalde aanbieder, als percentage van het potentieel aantal bezitters of gebruikers.
Seizoenspatroon	De regelmatige afwijking van tijdswaarden van de trend.
Toevallige afwijking	Onregelmatige afwijking van de trend die niet aan het seizoen of aan de conjunctuur ligt.
Tijdreeks (historische reeks)	Reeks waarden van hetzelfde verschijnsel, dat op regelmatige tijdstippen is gemeten.
Trend	De ontwikkeling van een gemeten verschijnsel op lange termijn.
Uitbreidingsvraag	De initiële plus de additionele vraag.
Vervangingsvraag	Het aantal producten dat gekocht wordt om een afgedankt exemplaar te vervangen.

3 Veldonderzoek

3.1   Kwalitatieve methoden

Bij veldonderzoek is er een belangrijk verschil tussen kwantitatief en kwalita-
kwalitatief
onderzoek
tief onderzoek. *Kwalitatief* onderzoek is meestal kleinschalig en je kunt de
waarnemingen niet in getallen uitdrukken. Het is vooral belangrijk voor het
opsporen van meningen, smaken, gedrag en modetrends.

Op basis van kwalitatief onderzoek kun je geen uitspraken doen over een hele
doelgroep of over de hele bevolking. Kwalitatief onderzoek kan vooral inzicht
opleveren in de belevingswereld van klanten. Bij kwantitatief onderzoek gaat
het om meten in getallen, bijvoorbeeld om de vraag *hoeveel* mensen een voorkeur hebben voor ons merk. Bij kwalitatief onderzoek gaat het om de vraag
waarom die mensen wel of geen merkvoorkeur hebben.

groepsdiscussie
Een *discussiegroep* (of *focus*groep) bestaat uit 6 à 12 personen uit de doelgroep,
die met een gespreksleider onderwerpen bespreken of reageren op elementen
uit de marketing van ondernemingen (bijvoorbeeld producten of reclame). In
het gesprek reageren mensen op onderwerpen en op elkaar. Het is de bedoeling dat de leider een levendige discussie uitlokt zonder zelf partij te zijn in het
gesprek. In veel gevallen weten de groepsleden niet wie de opdrachtgever van
het onderzoek is.

panel
Als de groepsdiscussie steeds herhaald wordt en dus onderdeel is van continu
marktonderzoek, kun je ook spreken van een *panel*discussie. Een *panel* is een
vaste groep van personen die regelmatig bij elkaar komen om mee te werken
aan marktonderzoek. Dat kunnen consumenten zijn of vertegenwoordigers
van bedrijven (bij b2b-onderzoek). Bij de consumentenpanels wordt ook wel
gewerkt met *huishoud*panels, waarbij huishoudens als geheel worden onderzocht. Ook online kun je met panels werken.

Panels of focusgroepen kun je inzetten bij het pretesten van bijvoorbeeld reclameconcepten, nieuwe productconcepten of verpakkingen. Ook zijn ze nuttig om inzicht te krijgen in ideeën en gevoelens die onder de doelgroep leven. Spreekt een bepaalde merknaam de mensen aan of werkt die averechts? Wat beweegt mensen op het verkooppunt? Wat maakt hen tot tevreden klanten? Wat voor nieuwe varianten van een product of dienst zouden interessant zijn voor deze doelgroep? Welke onderwerpen zijn van belang voor die grote enquête die op stapel staat? Wat speelt er bij de inkopers op de zakelijke markt?

De discussieleider moet ervaring hebben met het leiden van gesprekken en moet ook technieken beheersen om alle deelnemers zo spontaan mogelijk deel te laten nemen. Hij moet ervoor zorgen dat de deelnemers komen met reacties, met meningen, met associaties en gevoelens. Ook kan hij gebruikmaken van allerlei psychologische technieken: bijvoorbeeld verschillende producten in een ruimte plaatsen en deelnemers hun afstand daartoe laten bepalen. Daarmee laten zij hun gevoel ten opzichte van dat product zien.

Zowel bij panels als bij interviews tellen niet alleen de *verbale* reacties (de woorden), maar ook de *non-verbale* reacties: de houding, bewegingen en gezichtsuitdrukking van de deelnemers.

interview

Een andere methode van kwalitatief onderzoek is het individuele *interview*. Daarbij gaat het om een *face-to-face*gesprek, dus een *persoonlijk* interview in het bijzijn van de interviewer en niet telefonisch of schriftelijk. Als voorkeuren binnen de doelgroep sterk kunnen verschillen, is het interview een betere onderzoeksmethode dan een groepsdiscussie. Dat geldt ook als er gevoelige onderwerpen ter sprake komen. Over sommige onderwerpen praten mensen niet vrijuit of ze geven snel sociaal wenselijke antwoorden; denk aan onderwerpen als discriminatie, drugsgebruik of rijden met een biertje op.

- ongestructureerd

- diepte-interview

Het kan gaan om een *ongestructureerd* interview. Dat wil zeggen dat er wel een lijstje met onderwerpen is, maar dat de vragen niet allemaal vastliggen. Dit kan de vorm krijgen van een *diepte*-interview, waarin de ondervraagde de tijd heeft om vrij te praten. De interviewer heeft de vrijheid om aanvullende vragen te stellen en de ondervraagde te laten 'freewheelen', om zo goed mogelijk achter de beweegredenen van mensen te komen. Een andere naam voor diepte-interview is *open* interview.

- open interview

- halfgestructureerd

Als de vragen voor een deel al van tevoren vastliggen, gaat het om een *half-gestructureerd* interview. Dat zijn bij kwalitatief onderzoek overwegend *open* vragen, vragen waarop allerlei antwoorden mogelijk zijn. Een *gestructureerde* vragenlijst is een enquête, die kom je verderop tegen bij de kwantitatieve methoden. Bij interviews en enquêtes is de ondervraagde de *respondent*, behalve als je de ondervraagde vraagt naar gegevens over anderen. In dat geval is hij een *informant*.

respondent

expertonderzoek

Delphi-methode

Je kunt ook *experts* vragen naar hun kennis over trends en ontwikkelingen op hun vakgebied. Dat kan zowel in de vorm van een panel als met interviews. Een aparte vorm van expertonderzoek is de *Delphi*-methode. Daarbij worden experts apart geïnterviewd in verschillende ronden. In de tweede ronde wordt ze ook gevraagd te reageren op (anonieme) meningen van anderen. Er zijn meerdere rondes, totdat er een gezamenlijke voorspelling uitrolt.

Deze methode is vooral geschikt om informatie te verzamelen voor prognoses, om toekomstige ontwikkelingen en trends te voorspellen. Om een vraag-prognose op te stellen pas je bijvoorbeeld de Delphi-methode toe met mensen die veel kennis hebben van de markt, de bedrijfstak en de economie. Experts confronteren met meningen van anderen is niet alleen nuttig om tot een voorspelling te komen, maar zeker ook om de mensen na te laten denken. Een ander gezichtspunt kan mensen weer op nieuwe ideeën brengen.

observatie

Je kunt meer van mensen aan de weet komen door het ze te vragen, maar je kunt ze ook gewoon *observeren*: in de winkel kun je koopgedrag observeren (eventueel met een one-way screen of met camera's). Bij effectonderzoek van reclame kun je tijdens een pretest reacties observeren. Een mystery shopper kan het personeel observeren. Observatie kan zowel kwalitatief zijn als kwantitatief. Als je een groot aantal vergelijkbare dingen observeert, steeds op dezelfde manier, dan kun je de resultaten kwantificeren.

Observatie kan ook plaatsvinden in een laboratorium of testcentrum. Daar kan men heel precies reacties vastleggen op bijvoorbeeld commercials, door dingen als oogbewegingen en transpiratie te meten. De attentiewaarde van re-clame of van een verpakking kun je nagaan door te meten hoeveel tijd mensen nodig hebben om een plaatje te herkennen.

Kwantitatief en kwalitatief onderzoek kunnen elkaar goed aanvullen. Zo kun je een aantal deskundigen interviewen als verkennend onderzoek, waardoor je beter in staat bent om de probleemstelling en opzet voor bijvoorbeeld een kwantitatieve enquête te formuleren. Soms is het nodig om de 'taal' van de doelgroep goed te leren kennen, voordat je een goede enquête kunt opstellen. Andersom kun je proberen om de resultaten van een kwantitatief onderzoek beter te begrijpen door middel van een groepsdiscussie of een beperkt aantal diepte-interviews.

Bij kwalitatief onderzoek ligt de nadruk vaak sterk op de *creatieve* functie van marktonderzoek. De resultaten moeten de marketingmensen niet alleen inzicht geven in gevoelens en motivaties, ze moeten hen ook op nieuwe ideeën brengen. Kwalitatief onderzoek kan een manier zijn om heel direct contact te hebben met de doelgroep. Dat kan marketingmedewerkers wakker schudden en lampjes laten branden.

Het aantal respondenten is bij kwalitatief onderzoek meestal klein. Diepte-interviews zijn duur, dus niet geschikt voor grote aantallen. Je kunt dus op grond van zo'n onderzoek geen algemene uitspraken doen over de hele bevolking of over een hele doelgroep. Om zicht te krijgen op beweegredenen en meningen is dat ook lang niet altijd nodig.

Opdrachten

1. a. Op welke functie van marktonderzoek ligt de nadruk bij kwalitatief onderzoek?
   b. Noteer drie aspecten van kwalitatief onderzoek waar je dat aan kunt merken.

2. a. Wat is het verschil tussen een discussiegroep en een panel?
   b. Geef een andere naam voor een discussiegroep bij marktonderzoek.
   c. Bedenk vier onderzoeksonderwerpen waarbij groepsdiscussie nuttige informatie op kan leveren.

3. a. Wat is het verschil tussen een ongestructureerd en een halfgestructureerd interview?
   b. Waarom moet een diepte-interview ongestructureerd zijn?

4. Wat kan de Wet bescherming persoonsgegevens (Wbp) te maken hebben met marktonderzoek?

5. a. Voor wat voor onderwerpen gebruik je de Delphi-methode?

b. Waarom zou men die experts niet gewoon bij elkaar zetten; waarom blijven de verschillende meningen anoniem?

6. a. Wat is het grote voordeel van observatie, vergeleken met vraaggesprekken?
   b. Voor welk soort onderwerpen is laboratoriumobservatie geschikt?

7. Noteer twee manieren waarop kwalitatief en kwantitatief onderzoek elkaar aan kunnen vullen.

3.2 Vraagtechniek

Gespreksleiders of interviewers bij kwalitatief onderzoek moeten getraind zijn in gespreks- en vraagtechnieken. Dat houdt in dat je de ondervraagde op zijn gemak kunt stellen. Ook moet je het gesprek kunnen leiden en voorkomen dat de ander afdwaalt, terwijl je toch vriendelijk blijft. *Doorvragen* of een vraag nog eens herhalen ('we hadden het net over .....') kan nodig zijn om het antwoord boven water te krijgen. *Samenvattende* vragen zijn vaak nuttig om te controleren of antwoorden goed zijn overgekomen ('als ik het goed begrijp, dan.......').

vraagtechniek

Bij kwalitatief onderzoek naar beweegredenen en motivatie kunnen ook *indirecte* vragen nuttig zijn. Dit heet ook wel *projectietechniek*, omdat je de ondervraagde(n) hun eigen ideeën of gevoelens ergens anders op laat projecteren. Er bestaan verschillende projectietechnieken.

indirecte-vraagtechniek

- De *derde-persoons*techniek kan geschikt zijn bij onderwerpen die wat gevoelig liggen. Daarbij vraag je niet direct wat de ondervraagde er zelf van denkt, maar wat 'ze' ervan denken. Bijvoorbeeld: 'Wat denken uw collega's van de nieuwe manager?' of 'Denkt u dat veel mensen wel eens rijden met een glaasje op?'
- Bij *storytelling* laat je de respondent een verhaal vertellen (of schrijven) naar aanleiding van bijvoorbeeld een afbeelding, een foto of een verpakking. Zo kun je achter de gevoelens en associaties komen die mensen daarbij hebben.
- Bij *zinsaanvulling* laat je de respondent een zin afmaken. Bijvoorbeeld 'vegetariërs zijn.......', 'sherrydrinkers zijn.......', 'als ik aan bier denk, denk ik het eerst aan.......', 'de meeste kledingwinkels zijn.......'.

- Bij *woordassociatie* noemt de interviewer steeds een woord of een begrip, waarna de ondervraagde zegt welk woord hem daarbij het eerst te binnen schiet. Dit heet ook wel een *associatietest*. Door de associaties te koppelen aan de ondervraagde doelgroepen krijg je meer zicht op de belevingswereld van de doelgroep.

CAPI

Ook bij het persoonlijke interview wordt vaak de computer gebruikt (*CAPI*, computer assisted personal interviewing). De laptop is dan een hulpmiddel voor de interviewer: de vragen en de volgorde daarvan heeft hij steeds bij de hand. De antwoorden kunnen gelijk worden ingevoerd; dat gaat sneller en de invoer kan accurater zijn. Het gebruik van de computer helpt de vraagstelling bij meerdere interviews zo gelijk mogelijk te houden. In de *routing* van de vragen (de vraagvolgorde) kunnen *controlevragen* zijn ingebouwd om te testen of de antwoorden wel consistent zijn: het antwoord op de controlevraag moet kloppen met het antwoord op een vraag die een poosje geleden gesteld werd.

self-completion

Er zijn onderwerpen waarover de meeste mensen hun mening liever niet aan onbekenden vertellen; denk aan je inkomen, je mening over drugsgebruik of je seksueel gedrag. Daarvoor is *self-completion* geschikt, waarbij de ondervraagde antwoordt zonder tussenkomst van een interviewer. Dit gebeurt vooral bij schriftelijke enquêtes, maar ook tijdens een persoonlijk interview is self-completion een mogelijkheid. Je kunt de ondervraagde een paar schriftelijke vragen laten beantwoorden. Bij gebruik van CAPI kan de respondent even aan tafel gaan zitten met de laptop.

anonimiteit

Bij alle marktonderzoek is het belangrijk om duidelijk te zijn tegenover respondenten over de spelregels. Je moet ervoor zorgen dat respondenten *anoniem* zijn en blijven, en dat de onderneming zorgvuldig omgaat met de informatie. Resultaten van onderzoek die je met naam en toenaam schriftelijk vastlegt of invoert in de computer, zijn *persoonsgegevens*, ze vallen dus onder de Wet bescherming persoonsgegevens. Dat houdt ook in dat ondervraagden na afloop een beroep kunnen doen op hun *inzage*recht en dat ze desgewenst gegevens mogen verbeteren.

incentive

Bij kwalitatief onderzoek is het heel gebruikelijk om panelleden of ondervraagden een *incentive* te geven, een beloning voor hun moeite. Ook bij kwantitatieve enquêtes gebeurt dat steeds meer: mensen die serieus antwoord geven doen er tenslotte moeite voor. Het is dus niet meer dan vriendelijk om ze te bedanken met bijvoorbeeld een cadeaubon.

Opdrachten

8. a. Voor wat voor soort vragen kan de derde-persoonstechniek geschikt zijn?
    b. Voor wat voor soort onderwerpen zijn de andere genoemde projectie-technieken bruikbaar?

9. a. Bedenk een paar voorbeelden van vragen waarvoor self-completion tijdens een face-to-face-interview nuttig is.
    b. Hoe heet het ondersteunen van een gesprek met de computer?

3.3 Kwantitatieve methoden

Als je wel wilt *meten* en vrij precieze informatie wilt hebben zoals *hoeveel* mensen een bepaalde voorkeur hebben, of *hoeveel* ze per doelgroep van een product kopen, kom je terecht bij kwantitatief onderzoek. Daarbij onderzoek je meestal een *steekproef* van de doelgroep (zie hoofdstuk 7). Als dat goed gebeurt, kun je de resultaten van het onderzoek *generaliseren* naar de hele doelgroep. Kwalitatief onderzoek levert inzicht op en is diepgaander, maar met kwantitatief onderzoek kun je een marketingstrategie onderbouwen met harde cijfers.

kwantitatief onderzoek

De resultaten van *kwantitatief* onderzoek kun je tellen, en je kunt ze analyseren met behulp van statistische technieken.

observatie

Observatie kan een kwantitatieve onderzoeksmethode zijn, als je bij voldoende mensen steeds dezelfde dingen observeert. Denk aan een camera bij een schap die registreert welke artikelen in het blikveld van klanten komen. Observatie is eenvoudig en het is ook objectief: op een vraag kunnen mensen verkeerd antwoorden, maar het gedrag liegt niet.

Als enquêteurs bij mensen thuis komen is de *pantrycheck* een mogelijkheid: een kijkje in keukenkast en ijskast om te registreren welke merken in welke verpakkingen daarin staan. Een minder smakelijke variant daarvan is de *dustbin check*. Een pantrycheck is ook mogelijk met een *scanning panel*, waarbij een groep huishoudens elk een scanner krijgt en thuis zelf de boodschappen scant. Een voorbeeld daarvan is de GfK ConsumerScan bij een steekproef van 4.400 huishoudens.

registratie

Een aparte vorm van observatie is het *registreren* van gedragingen of van verkooptransacties. Dit levert altijd kwantitatieve gegevens op. Een voorbeeld is het kijkonderzoek, waar bij 1.200 huishoudens een apparaatje geplaatst is dat het kijkgedrag elektronisch vastlegt. Maar ook scannen aan de kassa levert een zee van gegevens op. Dat geldt ook voor club-, spaar- en klantenpasjes, zoals de bonuskaart of Airmiles. Ook de *detaillistenpanels* van bureaus GfK en ACNielsen werken met registratie.

experiment

Bij een *experiment* probeert een bedrijf een verandering in de marketingstrategie uit om te kijken hoe de doelgroep daarop reageert; bijvoorbeeld een nieuwe verpakking, een nieuwe variant van een product, een andere prijsstelling.

Er zijn twee soorten experimenten: het *laboratorium*experiment en het *veld*experiment. In een laboratoriumsituatie kun je een groep proefpersonen (de *experimentele* groep) blootstellen aan bijvoorbeeld nieuwe producten, een andere schapindeling of een andere manier van verkopen. Als je dan ook een controlegroep neemt die reageert op de situatie zonder veranderingen, dan kun je de resultaten vergelijken; het is dan een *gecontroleerd* experiment. Het is *verklarend* onderzoek, omdat je het verband tussen de veranderde variabele en het consumentengedrag kunt achterhalen. De ruimte ziet er niet uit als een laboratorium, meestal is het een *testwinkel*. Dit soort onderzoek is zeer prijzig.

testmarkt

Je kunt ook iets uitproberen in de praktijk. Het veldexperiment heeft vaak de vorm van een *testmarkt*. Dat kan één winkel zijn (een *winkeltest*) of een beperkt gebied, bijvoorbeeld een middelgrote gemeente. Prijsonderzoek krijgt vaak de vorm van een winkeltest. Je kunt met deze methode de reactie van de klanten goed onderzoeken. Een probleem heb je als de doelgroep niet goed reageert op de nieuwe aanpak: het terugdraaien maakt jouw bedrijf er in het gebied van de testmarkt niet geloofwaardiger op. Andere nadelen zijn: de kosten en het feit dat de concurrentie graag meekijkt.

Voorbeeld

Aan het begin van het voetbalseizoen 2013 nam McDonald's alleen in Kansas City een 'Blitz Box' in het assortiment. Dat was een doos voor $14,99 met daarin twee cheeseburgers, twee medium fries, tien kipnuggets en saus. De aanbieding was gekoppeld aan sponsoring van de club Kansas City Chiefs. McDonald's wilde niet zeggen of de doos ook in andere markten verkocht zou gaan worden, maar Scott Hume (auteur van het blog BurgerBusiness.com) denkt dat er zo veel voordelen aan deze tactiek zitten, dat McDonald's dit soort aanbod in de hele Verenigde Staten zal gaan toepassen.

panel

Er bestaan ook grote panels, zoals bij het kijk- en luisteronderzoek en bij scanning panels. Als het panel groot genoeg is, is het panelonderzoek niet meer kwalitatief maar kwantitatief.

enquête

De meest bekende en meest gebruikte vorm van kwantitatief onderzoek is het enquêteren van een representatieve steekproef uit de doelgroep. Een *enquête* is steekproefonderzoek waarbij respondenten standaard vragenlijsten beantwoorden. Dat kan in de vorm van persoonlijke interviews, telefonisch, schriftelijk of via het internet. De vragenlijst is meestal *gestructureerd* (ligt helemaal vast en is voor iedereen hetzelfde), maar kan bij persoonlijk interviewen ook halfgestructureerd zijn.

gestructureerde vragenlijst

face to face

Van de verschillende manieren van enquêteren is face to face de duurste. De enquêteurs bezoeken de respondenten thuis of op het werk (reistijd) en ondervragen hen persoonlijk. Het voordeel is dat de vragenlijst hierbij langer kan zijn dan bij telefonisch of schriftelijk enquêteren. Respondenten zijn in deze situatie van persoonlijk contact in een vertrouwde omgeving minder snel ongeduldig.

Het is mogelijk om te werken met CAPI. De enquêteur kan ook materiaal laten zien en de reactie noteren. Goede enquêteurs kunnen ook non-verbale reacties meenemen en de woonsituatie observeren. De respons rate bij persoonlijk afgenomen enquêtes is vrij hoog: een groot percentage van de personen uit de steekproef wil meewerken.

Een aparte vorm van persoonlijk enquêteren is de straatenquête. Die methode is geschikt voor korte, simpele vragenlijsten binnen een beperkt geografisch gebied. Je kunt er snel veel respons mee krijgen, maar het levert geen goede steekproef op.

telefonisch

Telefonisch enquêteren, meestal door medewerkers van een callcenter, is een stuk goedkoper. Het is ook makkelijker om een steekproef te bereiken, die verspreid over het hele land woont. Aan de andere kant heeft niet iedereen telefoon, zijn mobiele telefoonnummers vaak lastig te achterhalen en houdt het op bij geheime nummers. De respons rate was voorheen relatief hoog, maar is gedaald door de sterke toename van telemarketing. Er stonden in 2013 al acht miljoen nummers in het bel-me-niet register.

Een telefonisch afgenomen vragenlijst kan niet al te lang zijn, na 10 à 15 minuten vinden veel respondenten het wel weer genoeg. De vragen kunnen ook niet al te ingewikkeld zijn en je kunt geen materiaal laten zien. Bij telefonisch enquêteren wordt meestal de computer gebruikt (computer assisted telephone interviewing, *CATI*) voor de vragen, en voor het invoeren van de antwoorden.

CATI

Een *schriftelijke* vragenlijst kunnen de respondenten in alle rust invullen. Als de vragen duidelijk genoeg zijn, heb je minder last van vertekening die op kan treden door de persoonlijke eigenaardigheden van interviewer en ondervraagde. Daarbij is het goedkoop, maar wel traag.

schriftelijk

De respons kan een probleem zijn, want waarom zouden druk bezette mensen de tijd nemen om belangeloos mee te werken? Een beloning kan helpen, een herinneringsbrief ook. Verder is het nodig om een vriendelijke begeleidende brief met de vragenlijst mee te sturen met een duidelijke uitleg van het doel van de enquête. Een gratis antwoordenvelop spreekt voor zich. De formulering van de vragen zelf, de routing van de vragenlijst en de vormgeving (lay-out) zijn heel belangrijk: er moet geen misverstand mogelijk zijn (zie hoofdstuk 4). De vragen kunnen minder ingewikkeld zijn als bij een face-to-facegesprek.

internet

Ook via het *internet* kun je enquêteren. Je kunt bijvoorbeeld bezoekers van je website vragen om een korte vragenlijst op het scherm in te vullen en te verzenden. De vragenlijst heeft dan de vorm van een webformulier. Een andere methode is om mensen te schrijven of te mailen met het verzoek om een elektronische vragenlijst in te vullen, of een website te bezoeken waar de vragenlijst zichtbaar wordt. Daarbij kun je ook audiovisueel materiaal laten zien.

CAWI

Deze methode is als vanzelf computer assisted (CAWI, de W staat voor Web): de antwoorden rollen vanzelf de computer binnen. Het is een goedkope manier van enquêteren en voor gerichte doelgroepen kan het goed werken.

non-respons

Een probleem bij het enquêteren is de *non-respons*, het percentage benaderde personen dat niet mee wil werken aan de enquête. Er wordt aardig wat onderzocht tegenwoordig, dus is het niet vreemd dat een deel van de mensen last krijgt van onderzoeksmoeheid. Bij een schriftelijke enquête kun je met wat geluk op de eerste mailing 40% van de vragenlijsten terug verwachten. Dat kan na een herinnering stijgen tot bijvoorbeeld 65%. Dat is te weinig, het kan de representativiteit van het steekproefonderzoek in gevaar brengen (zie paragraaf 8.3). Je moet hier bij de planning van het onderzoek rekening mee houden en nagaan welke maatregelen je kunt nemen om de respons te bevorderen.

Er zijn verschillende maatregelen waarmee je de respons omhoog kunt krijgen.

- Met een *vooraankondiging*, voordat de eigenlijke enquête afgenomen wordt of in de bus valt, kun je wat meer belangstelling wekken. Als je daarbij duidelijk uitlegt waarom dit onderzoek belangrijk is (verbetering van ons aanbod, betere aansluiting van onze dienstverlening aan uw wensen, enzovoort), kun je de houding van respondenten tegenover het onderzoek gunstig beïnvloeden. Bij face to face enquêteren zijn een vooraankondiging en een duidelijke afspraak heel belangrijk.
- Bij telefonisch enquêteren is het tijdstip belangrijk. Ook vriendelijkheid en een goede gesprekstechniek kunnen helpen, bijvoorbeeld om een afspraak op een ander tijdstip te maken.
- Een positieve houding ten opzichte van de geënquêteerden is ook belangrijk.
- Je kunt *drempels* wegnemen, door bijvoorbeeld een gratis antwoordenvelop, of flexibel zijn met afspraken.
- Een goede *uitleg* van het nut van de enquête en de procedure (anonimiteit) is altijd bevorderlijk. In de praktijk blijkt dat het woord 'vertrouwelijk' beter werkt dan 'anoniem' om respondenten hierover gerust te stellen.
- Ook achteraf is het goed om mensen op de hoogte te stellen van de resultaten en het nut, dat bevordert de houding van de mensen voor een volgende keer.
- Aanvullende informatie kun je beschikbaar stellen via een folder, website of (gratis) telefoonnummer.
- De vragenlijst moet goed verzorgd zijn, prettig om in te vullen of te beantwoorden, en vooral niet te lang. Een leuke, prikkelende inleidende vraag is goed voor de respons.
- Een incentive staat vriendelijk en is goed voor de respons, waarbij je wel op moet passen dat de beloning neutraal genoeg is; bijvoorbeeld een cadeaubon. Met een cadeautje loop je het risico dat het maar een deel van de mensen aanspreekt.

- Het persoonlijk laten brengen en ophalen van een schriftelijke enquête is goed voor de respons, maar slecht voor het onderzoeksbudget.
- Het kan helpen om een vertrouwenwekkende, bekende persoon het onderzoek aan te laten bevelen, bijvoorbeeld in de begeleidende brief of in de vooraankondiging.

Welke manier van enquête afnemen moet je nu kiezen? Dat hangt af van de wensen en de eisen die jouw onderneming aan het onderzoek stelt. De manier van enquête afnemen hangt af van de gewenste:

- respons;
- representativiteit;
- spreiding van de respondenten door het land;
- snelheid;
- ingewikkeldheid van de vragen;
- kosten.

Daarbij staat de factor 'kosten' vaak haaks op de andere factoren: aan een goede respons hangt een prijskaartje.

Vergeleken met kwalitatief onderzoek is kwantitatief onderzoek goedkoper per onderzochte persoon. Maar doordat je veel meer personen onderzoekt, komen de kosten per onderzoek gemiddeld een stuk hoger uit. Kwantitatief onderzoek is vooral beschrijvend of verklarend, en heeft eerder de informatieve of bewakende functie dan de creatieve.

Onthoud	Methoden van veldonderzoek	
	kwalitatief	*kwantitatief*
	groepsdiscussie/panels	observatie en registratie
	(diepte-)interview	grote panels
	observatie	experiment, testmarkt
	expertonderzoek (o.a. Delphi-methode)	enquête (face to face, telefonisch, schriftelijk of via internet)

Opdrachten

10. a. In welk geval is observatie een kwantitatieve onderzoeksmethode?
    b. Beantwoord dezelfde vraag voor panelonderzoek.

11. a. Welk voordeel heeft de pantrycheck boven ondervragen?
    b. In welk geval zou een onderzoeker zijn toevlucht nemen tot de dustbin check?

12. a. Bedenk drie soorten informatie die Albert Heijn kan halen uit haar database met gegevens van gescande bonuspasjes.
    b. Hoe heet deze methode van marktonderzoek?

13. a. Wat is het verschil tussen observatie en een experiment?
    b. Leg uit waarom een gecontroleerd experiment bij uitstek *verklarend* onderzoek is.
    c. Wat is het verschil tussen een testwinkel en een winkeltest?

14. a. Geef drie nadelen van de testmarkt als onderzoeksmethode.
    b. Wat is het voordeel?

15. a. Wat is precies een enquête?
    b. Op welke vier manieren kun je enquêtes afnemen?
    c. Leg uit waarom deze onderzoeksmethode kwantitatief is.

16. a. Wat is het voordeel van enquêteren op straat?
    b. Geef ook twee nadelen.

17. a. Noteer drie voordelen van face to face enquêteren.
    b. Geef ook een nadeel van face to face enquêteren.

18. a. Vergelijk schriftelijk met mondeling enquêteren. Wat zijn de twee grote voordelen?
    b. Geef ook twee nadelen van schriftelijk enquêteren.

19. a. Onderzoeksmoeheid is een probleem. Bedenk een voorbeeld van een slechte aanpak die deze moeheid in de hand werkt.
    b. Zet op een rij aan welke regels marktonderzoekers met gevoel voor verantwoordelijkheid zich zouden moeten houden.

20. a. Om de respons te verhogen kun je drempels verlagen. Geef daar twee voorbeelden van.
    b. Welk gevaar brengen incentives met zich mee?

21. a. Van welke zes factoren hangt de keuze tussen de verschillende manieren van enquêteren af?
    b. Welke van die zes staat haaks op de andere vijf?

22. Kies steeds de meest geschikte manier van het afnemen van de enquête.
    a. Vanwege de probleemstelling kom je niet onder een aantal vrij ingewikkelde vragen uit.
    b. Buurtwinkel Makkie wil meer zicht op de behoeften van de wijkbewoners.
    c. CannyFruit, landelijke aanbieder van frisdrank, wil meer weten over het recreatiegedrag van jongeren. Het onderzoek heeft niet zo'n haast maar mag niet al te duur zijn.
    d. AllesHold nv wil onderzoek doen naar verplaatsingsgedrag tussen huis en winkel. Een hoge respons is prioriteit nummer één.

3.4   Waarnemingsfouten

Bij een normaal gesprek kun je al misverstanden krijgen. Dat kan al met je eigen ouders, met vrienden en vriendinnen, met klasgenoten of met leraren. Het is dus geen wonder dat bij gesprekken tussen vreemden, zoals groepsdiscussies, interviews en enquêtes, allerlei misverstanden en vertekeningen op kunnen treden. Kennis daarvan helpt je om zulke fouten zo veel mogelijk te voorkomen.

waarnemingsfouten   Veel van zulke vertekeningen vallen onder de *waarnemingsfouten*, dat zijn alle fouten die ontstaan door:
- verkeerd geformuleerde vragen;
- verkeerd geïnterpreteerde vragen (de respondent snapt niet goed wat de vraag is);
- verkeerde beantwoording van vragen vanwege houding of gevoel van respondenten;
- beïnvloeding door de enquêteur of de situatie;
- fouten bij het registreren en invoeren van antwoorden;
- fouten bij het coderen en verwerken van de antwoorden.

Goede vragen zijn duidelijk en ondubbelzinnig: ze moeten maar op één manier te begrijpen zijn. De formulering moet zo helder en simpel mogelijk zijn. Ook moet je in een enquête niet vragen naar dingen die veel mensen niet zo bewust weten, bijvoorbeeld naar hun beweegredenen om een bepaald model auto te kopen. Je loopt dan het risico op nietszeggende antwoorden. Dat onderwerp past beter bij kwalitatief onderzoek.

bias

Veel waarnemingsfouten die tijdens het interviewen of enquêteren op kunnen treden vallen onder *bias*. Bias betekent vooringenomenheid, bevooroordeeld. Bij marktonderzoek bedoelt men met dit begrip alle *systematische* fouten die ontstaan als gevolg van:

- de vraagformulering en de vraagvolgorde;
- vooroordelen, houding of angsten van de ondervraagden;
- de invloed van de interviewer;
- de situatie van het gesprek.

Daarnaast heb je ook nog toevallige fouten. Een respondent hoort net een geweldige song op de radio en vult daardoor een vraag verkeerd in. Dit is wel een waarnemingsfout, maar geen bias.

antwoordtendentie

Niet alleen de vraagformulering is belangrijk, maar ook de *volgorde* van de vragen. Als mensen een serie vragen volgens een bepaald stramien (patroon) hebben beantwoord, krijgen ze de neiging om in hetzelfde patroon door te gaan. Deze vorm van bias heet *antwoordtendentie*; een 'tendentie' is een neiging.

ja-zeggen

nee-zeggen

Een bekende vorm daarvan komt voor na een serie vragen waarop het antwoord 'ja' moest zijn. Veel mensen krijgen dan de neiging om daar maar mee door te gaan. Daardoor antwoorden ze meer vragen met 'ja' dan de bedoeling was. Deze vorm van antwoordtendentie heet *ja-zeggen*. Precies hetzelfde kan gebeuren na een serie vragen met 'nee' als antwoord, de tendentie is dan *nee-zeggen*. Antwoordtendentie wordt ook wel *volgorde-effect* genoemd. De oplossing is om meer variatie in opeenvolgende vragen aan te brengen.

suggestieve vraag

Met een *suggestieve* vraag leg je een ander het antwoord in de mond. 'U poetst zeker wel twee keer per dag uw tanden?' is een slechte vraag, omdat mensen je naar de mond gaan praten. Daardoor wijkt de informatie die je krijgt, af van de werkelijkheid. Een ander soort fout ontstaat door de neiging die veel mensen hebben om graag te antwoorden, ook al weten ze eigenlijk het antwoord niet. Als je in een enquête een vraag opneemt naar een product dat niet bestaat, zul je merken dat er mensen zijn die het kennen. Ook heb je mensen met een bias tegen 'nee' antwoorden, dat vinden ze niet vriendelijk.

Mensen zijn sociale wezens. We zijn gevoelig voor wat anderen van ons denken. Daarbij wijkt ons werkelijke gedrag wel eens af van het sociaal wenselijke gedrag. Weinig mensen zeggen dat ze voor mishandeling zijn, maar helaas komt huiselijk geweld nog steeds voor. Als je over zulke onderwerpen directe vragen stelt, krijg je in veel gevallen een *sociaal wenselijk antwoord*. Deze vorm van bias kan bewust of onbewust zijn. In elk geval hoor je niet het werkelijke antwoord, maar je krijgt te horen wat de ondervraagde denkt dat zijn sociale omgeving goedkeurt.

sociaal wenselijk antwoord

Vragen of iemand cocaïne gebruikt, zijn kinderen slaat of een bankrekening in Zwitserland heeft, hebben dus geen zin. De kans dat je een correct antwoord krijgt, is niet groot; zelfs niet bij anoniem schriftelijk enquêteren. Als je zulke informatie nodig hebt, moet je naar andere onderzoeksmethoden uitkijken. Verder praten de meeste mensen niet graag openlijk over hun inkomen. Wel is het mogelijk om dit anoniem vast te leggen met behulp van self-completion, zeker als de enquêteur goed uitlegt dat het belangrijk is voor het onderzoek om de welstandklasse te kennen.

Het kan ook gaan om *overdrijving* van het antwoord in een sociaal wenselijke richting. Op de vraag 'hoe vaak doet u vrijwilligerswerk?' kun je verwachten dat mensen eerder naar boven dan naar onder zullen afwijken. Je kunt dan beter vragen welke activiteiten iemand heeft naast zijn betaalde werk. De interviewer zelf hoort trouwens ook bij de sociale omgeving: die moet ervoor oppassen geen boodschappen uit te zenden die het antwoord kunnen beïnvloeden.

interviewer bias

De invloed, die de persoon en het karakter van de interviewer kunnen hebben, vormt een nadeel van het face-to-facegesprek, en in mindere mate van telefonisch enquêteren. Als dit systematisch gebeurt is er een *interviewer bias*. Een interviewer die vaak afkeurend kijkt, kan de beantwoording bijvoorbeeld negatief beïnvloeden. Maar het kan ook zijn dat de interviewer er niets aan kan doen: jonge mensen kunnen minder goed reageren op een oude interviewer of andersom; zo kunnen dingen als de culturele achtergrond, de kleur of het lichaamsgewicht van de interviewer een deel van de respondenten in verwarring brengen. Deze bias is dus vaak onvermijdbaar. Bij een schriftelijke enquête heb je er geen last van.

Daarnaast kunnen enquêteurs slordig zijn bij het stellen van de vragen en het registreren van de antwoorden. Ook kan het gebeuren dat zij antwoorden niet goed begrijpen. Voor een deel is interviewer bias terug te dringen door goede training van enquêteurs.

In de praktijk wordt enquêteren in een deel van de gevallen maar matig betaald, waardoor de enquêteurs dit werk zien als een bijbaantje. Dat is natuurlijk niet bevorderlijk voor foutloze antwoorden. In het ergste geval kun je te maken hebben met *veldwerkfraude*, waarbij de enquêteur een aantal vragenlijsten zelf heeft ingevuld; of niet de juiste respondenten heeft opgezocht.

situatie

externe ruis

Een enquête moet je afnemen in een gunstige omgeving of situatie. Als het druk is in de omgeving kan de slordigheid toenemen. Een lawaaiige omgeving is een voorbeeld van *externe ruis*, het lawaai verstoort de communicatie. De aard van de omgeving is ook belangrijk: een interview over gezondheid of gebruik van geneesmiddelen neem je liever niet af in een ziekenhuis. De situatie moet zó zijn dat de ondervraagde zich op zijn gemak voelt en dat er voldoende rust is om de vragen goed door te laten dringen. Ook te veel *tijdsdruk* kan slechte invloed hebben op het resultaat.

onderzoeksmoeheid

Onderzoeksmoeheid kan zich uiten in non-respons, maar het gebeurt ook dat respondenten uit beleefdheid meedoen en proberen zich er zo snel mogelijk van af te maken. Als de ondervraagde dan denkt dat het om een *filtervraag* gaat (bijvoorbeeld 'heeft u een eigen woning?', en zo ja, dan volgt nog een aantal vragen), dan kan hij 'nee' antwoorden om sneller klaar te zijn. Ook antwoorden als 'weet ik niet' zijn hierdoor mogelijk. Dit gaat ten koste van de betrouwbaarheid van het onderzoeksresultaat. Het is wel nodig om zo veel mogelijk respons te krijgen, maar té hard pushen kan averechts werken.

slordigheid

Bij het invullen van schriftelijke enquêtes kunnen respondenten ook gewoon slordig zijn, waardoor je antwoorden krijgt die niet kloppen met de werkelijkheid.

Onthoud	Waarnemingsfouten

Waarnemingsfouten
- bias
  - vraag niet goed geformuleerd of suggestief
  - vraagvolgorde: antwoordtendentie, ja-zeggen of nee-zeggen
  - sociaal wenselijk antwoord
  - interviewer bias
- ongunstige situatie
- onderzoeksmoeheid, slordigheid bij antwoorden
- fouten bij registreren/invoeren van antwoorden
- fouten bij coderen en verwerken

validiteit

Waarnemingsfouten brengen de *validiteit* van je onderzoek in gevaar. Validiteit wil zeggen dat je inderdaad meet wat je wilde meten. Ook als de methode van onderzoek niet goed past bij je vraagstelling kan de validiteit in gevaar komen. Neem bijvoorbeeld onderzoek naar consumptie van een artikel door verschillende leeftijdsgroepen. Als je dat wilt meten door registratie aan de kassa kom je verkeerd uit: je meet alleen het gedrag van de mensen die boodschappen doen, en je weet dus niet welke leeftijdsgroepen dat artikel thuis consumeren.

Opdrachten

23. a. Geef twee voorbeelden van waarnemingsfouten die niet onder bias vallen.
    b. Wat zijn de vier hoofdvormen van bias?

24. Hoe kun je antwoordtendentie tegengaan?

25. a. Bij welke onderzoeksmethoden kan interviewer bias optreden?
    b. Wat kun je doen tegen deze vorm van bias?

26. a. 'Jij doet natuurlijk gewoon je best op school?' Wat voor soort vraag is dit?
    b. Bedenk een betere vraag om dezelfde informatie in te winnen.
    c. Wat voor soort antwoord is 'Ja, natuurlijk doe ik mijn best'?

27. a. 'Hoeveel geld geeft u gemiddeld per jaar aan goede doelen?' Welke twee problemen zijn er met deze vraag?
    b. Bedenk een betere manier om aan zulke informatie te komen.

28. a. Bedenk hoe je van tevoren rekening kunt houden met de bias van een deel van de mensen tegen 'nee' antwoorden.
    b. Bedenk ook een manier om van tevoren in te spelen op de neiging om antwoord te geven, ook als men het eigenlijk niet weet.

29. a. Welke risico's loop je met laagbetaalde enquêteurs?
    b. Bedenk twee manieren om dat risico te verminderen, zonder de kosten te veel op te laten lopen.

3.5   Samenvatting

Kwalitatief onderzoek is meestal kleinschalig en je kunt de waarnemingen niet in getallen uitdrukken. De nadruk ligt op *inzicht*, de vraag *waarom* en op de *creatieve* functie van marktonderzoek. Een *discussie-* of *focus*groep bespreekt onderwerpen of reageert op marketinguitingen. Als zo'n groep regelmatig bij elkaar komt, spreek je van een *panel*. Met individuele (*diepte-*)interviews met een half- of ongestructureerde vragenlijst kun je motieven en reacties onder-zoeken. Bij de vraagtechnieken kunnen ook *projectie*technieken horen als het onderwerp gevoelig ligt of moeilijk met directe vragen te achterhalen is. Ook gedeeltelijke *self-completion* kan nuttig zijn bij zulke onderwerpen. De *Delphi*-methode is een vorm van expertonderzoek die geschikt is als onderbouwing van prognoses.

Kwantitatief onderzoek is grootschaliger. Het is gericht op *meten* in aantallen en op de vraag *hoeveel*. *Observatie* kan goede marketinginformatie opleveren. Dit kan op het verkooppunt, thuis in de provisiekast of via *registratie* van aan-kopen. Het *experiment* is een verklarende onderzoeksmethode waarbij een an-dere aanpak van de marketing uitgeprobeerd wordt. Dat kan in een laboratori-umwinkel of in het echt in een testwinkel of op een *testmarkt*. Met een *enquête* leg je een steekproef uit de doelgroep een standaard vragenlijst voor. Dat kan *face to face, telefonisch* of *schriftelijk* (via de post of via internet). De keuze daar-tussen hangt af van de gewenste respons, de representativiteit, de spreiding van de respondenten door het land, de gewenste snelheid, de ingewikkeldheid van de vragen en de kosten.

Een persoonlijk afgenomen enquête kan wat dieper gaan, maar er is meer kans op interviewer bias. Telefonisch of schriftelijk is goedkoper, maar kent meer non-respons. Maatregelen om de respons te bevorderen zijn heel belangrijk. Kwantitatief en kwalitatief onderzoek kunnen elkaar goed aanvullen.

Waarnemingsfouten zorgen voor vertekeningen in het resultaat door verkeerd stellen, begrijpen of beantwoorden van vragen, door beïnvloeding of door fou-ten bij het coderen, registreren of verwerken. Een groot deel daarvan noemt men *bias*. Een serie vragen met gelijke antwoorden kan leiden tot *antwoordten-dentie*. *Suggestieve* vragen leiden tot verkeerde antwoorden; ook een vraag die een sociaal wenselijk antwoord uitlokt, deugt niet. *Interviewer bias* is systema-tische beïnvloeding door degene die de vragen stelt. Ook slordigheid van beide partijen en de setting kunnen de kwaliteit van de antwoorden verminderen.

Onderzoeksmoeheid kan zich uiten in non-respons, maar ook in het afraffelen van de vragenlijst. Waarnemingsfouten brengen de *validiteit* van het onderzoek in gevaar.

3.6   Begrippen

Antwoordtendentie	Bias vanwege de neiging om na een serie vergelijkbare vragen in hetzelfde stramien door te antwoorden (bijvoorbeeld *ja-zeggen* of *nee-zeggen*).
Bias	Bestaat uit waarnemingsfouten als gevolg van beïnvloeding, de setting, de vragen of gevoelens van ondervraagden.
Delphi-methode	Expertonderzoek met afzonderlijke interviews in meerdere ronden. De ondervraagden worden met elkaars meningen geconfronteerd, tot er een gezamenlijke voorspelling uitrolt.
Enquête	Onderzoek waarbij een steekproef van respondenten elk eenzelfde vragenlijst beantwoordt.
Experiment	Verklarende onderzoeksmethode waarbij men een verandering in de marketing uitprobeert om uit te vinden hoe de doelgroep daarop reageert.
gecontroleerd ~	Men werkt met een experimentele groep en een controlegroep.
Groepsdiscussie (focusgroep)	Gesprek tussen 6 à 12 personen uit de doelgroep met een gespreksleider.
Incentive	Beloning voor de moeite van het deelnemen aan een onderzoek.
Indirecte-vraag-techniek (projectietechniek)	Bestaat uit een aantal vraagtechnieken om informatie te krijgen zonder het direct te vragen.
Interview	Ondervraging in de vorm van een tweegesprek.
diepte-~	Ongestructureerd gesprek met veel ruimte voor 'freewheelen'.
halfgestructureerd ~	De vragenlijst ligt deels al vast, inclusief open vragen.
ongestructureerd ~	Op basis van een checklist, vragen liggen niet vast.
open ~	Andere benaming voor diepte interview.
gestructureerd ~	De vragenlijst ligt helemaal vast en is voor iedereen hetzelfde

Interviewer bias	Deze bias ontstaat als de persoon en het karakter van de interviewer systematisch de antwoorden beïnvloeden.
Kwalitatief onderzoek	Meestal kleinschalig onderzoek waarbij je de waarnemingen niet in getallen kunt uitdrukken.
Kwantitatief onderzoek	Onderzoek waarbij je de resultaten kunt tellen en statistisch kunt analyseren.
Observatie	Het waarnemen van gedrag van personen uit de doelgroep. Kan ook in de vorm van registratie.
Panel	Vaste groep van personen die regelmatig meewerken aan (continu) marktonderzoek.
Respondent	Iemand die vragen over zichzelf en eigen meningen en ervaringen beantwoordt bij een interview of enquête.
Self-completion	De ondervraagde antwoordt zonder tussenkomst van een interviewer.
Testmarkt	Veldexperiment in één winkel (winkeltest) of in een beperkt gebied.
Testwinkel	Laboratoriumwinkel om experimenten in te houden.
Validiteit	De mate waarin bij een onderzoek echt is gemeten wat men wilde meten.
Waarnemingsfouten	Bestaan uit vertekeningen in het onderzoeksresultaat door beïnvloeding, verkeerde vraagstelling, beantwoording, registratie of verwerking.

4   Enquêtevragen

4.1   Vraagvormen

Als je voor de enquête als methode kiest, heb je een goede vragenlijst nodig. Je begint met een lijst van de onderwerpen waar je informatie over wilt hebben (zie de probleemstelling). Vervolgens maak je een kladversie met de vragen die per onderwerp van belang zijn. Daarna kom je toe aan het kiezen van de vraag*vorm*: open vraag, meerkeuzevraag, enzovoort. De vraagvorm hoeft niet steeds hetzelfde te zijn, maar het moet ook niet te rommelig worden. Heb je eenmaal goede vragen, dan kom je toe aan de volgorde en het nagaan of je wel de juiste hoeveelheid vragen hebt. Tot slot is het verstandig om de vragenlijst goed te testen, om problemen bij het eigenlijke onderzoek te voorkomen.

open vraag

Een *open vraag* is een vraag waarop allerlei antwoorden mogelijk zijn, bijvoorbeeld:

- Waarom begon u aan een vervolgopleiding?
- Welke eisen stelt u aan uw schoenen?

De respondent krijgt geen mogelijke antwoorden aangereikt en kan het antwoord dus helemaal zelf inkleuren. Dit vraagtype is meer geschikt voor kwalitatief onderzoek dan voor een enquête. Als je echt niet weet welke antwoorden er allemaal mogelijk zijn, kun je een beperkt aantal open vragen in een enquête opnemen. Maar dat maakt het verwerken van de antwoorden wel een stuk lastiger en tijdrovender (en dus duurder). Open vragen kosten ook meer tijd om te beantwoorden.

Wel kan het nuttig zijn om een enquête te beginnen met een paar open vragen, als inleiding. Een gevaar van open vragen zijn nietszeggende antwoorden.

Bij mondeling interviewen kan de enquêteur dan tussenvraagjes stellen, zoals: 'Waarom denkt u dat?' of 'Hoe bedoelt u?' Dit heet *probing*, ofwel doorvragen. Het gevaar daarvan is weer interviewer bias. Maar gewoon even aandachtig stil zijn en 'hm, hm' zeggen werkt ook goed.

gesloten vraag

Op een *gesloten vraag* is een beperkt aantal vaststaande antwoorden mogelijk. De ondervraagde krijgt een aantal mogelijkheden aangereikt en moet een keuze maken. Er zijn verschillende soorten gesloten vragen. De simpelste is de *ja-neevraag*, bijvoorbeeld:

ja-neevraag

> Heeft u een caravan?   □ Ja   □ Nee

Deze vraagsoort heet ook wel *dichotome* vraag, omdat er maar twee mogelijke antwoorden zijn ('di' betekent twee).

meervoudige vraag

Een *meervoudige* vraag heeft meer dan twee mogelijkheden en er zijn meerdere antwoorden mogelijk, bijvoorbeeld:

> Welk merk bier koopt u regelmatig? (meerdere antwoorden mogelijk)
> □ Heineken   □ Grolsch   □ Bavaria   □ Hertog Jan
> □ Gulpener

Bij een meervoudige vraag kun je ook een antwoordmogelijkheid inbouwen als

> □ Anders, namelijk..................

halfopen vraag

Je laat dan de mogelijkheid open voor de ondervraagde om een ander antwoord te geven dan de gegeven mogelijkheden. Daarom is dat een *halfopen* vraag. Als je vrij zeker weet dat maar weinig mensen het hokje 'Anders, namelijk' aan zullen kruisen, kun je de antwoorden toch nog goed statistisch verwerken. Als dat niet zo is, krijgt dit vraagtype sneller het karakter van een open vraag.

meerkeuzevraag

Bij een *meerkeuzevraag* zijn er ook meer dan twee mogelijkheden, maar het is de bedoeling dat de respondent maar één antwoord aankruist.

Bijvoorbeeld:

Welke van deze voordelen van blikjes als verpakking van dranken is voor u het belangrijkst?

☐ hygiënisch

☐ lang houdbaar

☐ handige vorm

☐ kunnen gerecycled worden

Meerkeuzevragen worden ook vaak *multiple choice* vragen genoemd. Je moet duidelijk bij de vraag (of bij een serie vragen) vermelden of er één of meerdere antwoorden mogelijk zijn.

schaalvraag | Bij een *schaalvraag* is één antwoord goed en de antwoorden vormen een 'schaal' met een duidelijke volgorde, bijvoorbeeld van veel naar weinig. Een voorbeeld:

Fluor in tandpasta is goed voor het glazuur.

☐ Helemaal mee eens   ☐ Eens   ☐ Geen mening   ☐ Oneens

☐ Helemaal mee oneens

Of:

Hoe vaak drinkt u wijn?

☐ Dagelijks   ☐ Paar keer per week   ☐ Paar keer per maand

☐ Zelden   ☐ Nooit

Of:

Het modale inkomen ligt rond de € 2.600,- bruto per maand. In welke klasse valt uw inkomen (slechts één antwoord aankruisen)?

☐ beneden € 2.400,-

☐ rond modaal (tussen € 2.400,- en € 2.800,-)

☐ tussen € 2.800,- en € 5.200,-

☐ meer

Opdrachten

1. a. Waarvoor zijn open vragen vooral geschikt?
   b. Wat is het nadeel van deze vraagvorm?

2. a. Bedenk welk probleem ja-neevragen op kunnen leveren.
   b. Hoe zou je dat op kunnen lossen?
   c. Een dichotome vraag is meestal een ja-neevraag, maar niet altijd. Geef nog een ander voorbeeld ervan.

3. a. Wat is probing?
    b. Welk risico heeft dat? Hoe kun je dat risico verminderen?

4. a. Wat is het verschil tussen een open en een gesloten vraag?
    b. Welke tussenvorm bestaat er?
    c. Wat is het verschil tussen een meerkeuzevraag en een meervoudige vraag?
    d. Welke eis is belangrijk om te stellen aan meerkeuzevragen en meervoudige vragen?

5. Bedenk een goede schaalvraag om de stemming in de klas te onderzoeken.

4.2 Schaaltechnieken

schaal

Een antwoordschaal bestaat uit een aantal categorieën of scores, waarmee je bijvoorbeeld een mening of een houding kunt meten. Je kunt iemand wel vragen of hij cola lust, maar als je alleen maar 'ja' of 'nee' te horen krijgt, mis je een aantal gradaties. Of je krijgt een heel verhaal, dat niet kwantitatief te verwerken is. Als je laat kiezen tussen

□ erg lekker □ gewoon lekker □ neutraal □ niet lekker □ echt vies

kun je de antwoorden veel beter verwerken. Voor de respondenten is dit ook makkelijker: de vraag is zo preciezer gesteld. De verschillende antwoordmogelijkheden zijn in feite onderdeel van de vraagstelling. Door de overzichtelijkheid gaat het antwoorden makkelijk en snel. Een goede schaal is *volledig*, zodat alle respondenten hun antwoord erin kwijt kunnen, maar de verschillende mogelijkheden mogen niet overlappen.

Je hoeft niet per se met hokjes te werken. Een lijn is ook een mogelijkheid:

lekker	neutraal	lust ik niet

De respondent moet op deze *lijnschaal* een streepje zetten op de plek die het beste bij hem past. Bij temperaturen kun je werken met een thermometer, bij snelheden met een ronde snelheidsmeter, enzovoort. Zulke *grafische* schalen maken het wel wat lastiger om de antwoorden te verwerken.

Om gradaties te vangen bij het onderzoeken van opinies (meningen), intenties en houdingen gebruik je schaalvragen. Er bestaan verschillende schaaltechnieken om schaalvragen op te stellen. De schaal over de smaak van cola hierboven is een *verbale* schaal, waarbij de keuzemogelijkheden uit woorden bestaan.

multiple-itemschaal

Een andere soort van schaaltechnieken vormen de *multiple-item*schalen. Daarbij gebruik je een serie schaalvragen om een houding of mening te meten. Daarbij ga je ook getalsmatiger te werk.

Voorbeeld

De volgende vier vragen gaan over uw houding ten opzichte van bloot in de media.

	hele-maal mee eens	mee eens	neutraal	oneens	hele-maal mee oneens
Ik erger me aan bloot op tv					
Ik erger me aan bloot in tijd-schriften					
Er zijn strengere regels nodig tegen bloot in de media					
Ik kijk wel naar soft porno					

Likert-schaal

Dit is een voorbeeld van een *Likert*-schaal (veel schaaltechnieken dragen de naam van hun uitvinder). Deze schaaltechniek werkt met een verzameling vrij extreme beweringen (positief of negatief) en een schaal met oplopende cijfers van 1 t/m 5. In het voorbeeld moeten respondenten vier kruisjes zetten. Bij het verwerken geef je de hokjes waarden van 1 t/m 5. Op de eerste drie rijen van 1 t/m 5, op de vierde rij van 5 t/m 1. Bij het verwerken laat je de computer tellen: $4 \times 1 = 4$ betekent een houding die sterk tegen bloot in de media is. Een score van 20 betekent dat de ondervraagde er helemaal niet mee zit.

Het omdraaien van de volgorde op de vierde rij is eigenlijk zondigen tegen de regels. Het kan respondenten in verwarring brengen. Aan de andere kant kan het in dit geval nuttig zijn, omdat het gaat over een onderwerp met veel dubbele moraal. De Likert-schaal wordt veel gebruikt. Je kunt 'm ook zo vormgeven:

Volledig mee eens   1   2   3   4   5   Volledig mee oneens

In dit geval moeten respondenten een cijfer omcirkelen.

Osgood-schaal

Bij de *Osgood*-schaal (ook wel 'semantische differentiaal' genoemd) stel je één vraag die bestaat uit een aantal deelvragen. Men werkt meestal met een schaal van 1 t/m 7.

Voorbeeld

Het onderwerp 'gezond eten'

interesseert mij niet	1	2	3	4	5	6	7	interesseert mij sterk
vind ik onzinnig	1	2	3	4	5	6	7	wordt steeds belangrijker
past niet bij mijn persoon	1	2	3	4	5	6	7	is me op het lijf geschreven
houdt mij nooit bezig	1	2	3	4	5	6	7	houdt mij regelmatig bezig
daar praat ik nooit over	1	2	3	4	5	6	7	daar praat ik veel over

Ook hierbij kun je de scores berekenen en vergelijken. De bedoeling van een aantal van dit soort vragen is om per houding of mening zo precies mogelijk het profiel van respondenten boven water te krijgen. Er bestaan nog meer schaaltechnieken. Multiple-itemschalen opstellen is een secuur karweitje, waarbij kennis van psychologie geen overbodige luxe is.

Voor de statistische analyse van de gegevens moet je weten met wat voor schaal je te maken hebt. Schalen waarbij de verschillende mogelijkheden geen enkele onderlinge rangorde hebben, zijn *nominaal*. Als de antwoordmogelijkheden bijvoorbeeld kleuren, merken, plaatsnamen of lichaamsbouw zijn, dan heb je te maken met een nominale schaal. Ook de schaal van een ja-neevraag is nominaal.

meetniveau

nominale schaal

ordinale schaal

Bij een *ordinale* schaal staan de antwoordmogelijkheden in een onderlinge rang*orde*. Daarbij is er wel een volgorde (van laag naar hoog of andersom, van veel naar weinig of andersom), maar geen duidelijke onderlinge afstand. Alle schalen in deze paragraaf zijn ordinaal, behalve die over inkomensklassen. Wat is precies het verschil tussen helemaal mee eens en gewoon mee eens? Tussen beetje lekker en erg lekker? Dat kun je niet berekenen en bovendien liggen de grenzen niet voor alle mensen precies hetzelfde. Bij marktonderzoek kom je ordinale schalen het meest tegen.

Nominale en ordinale schalen zijn *kwalitatief*: ze bestaan niet uit getallen. Je kunt de afstanden tussen de keuzemogelijkheden niet in cijfers meten. Men noemt zulke variabelen ook wel *discontinu*: ze lopen als het ware niet door, je kunt er niet mee rekenen. Bij een *kwantitatieve* of *numerieke* schaal hebben de antwoordmogelijkheden een onderlinge rangorde: van klein naar groot, van weinig naar veel, enzovoort. Men noemt ze daarom ook wel *continu*, ze lopen door en je kunt ermee rekenen.

discontinue waarden

continue waarden

Neem bijvoorbeeld temperatuur: je kunt duidelijk tellen, van 10 graden vannacht naar 20 graden vandaag is een sprong van 10 graden. Dat voorbeeld geeft een interval van 10 graden, en dat is duidelijk meetbaar. Alleen is er geen echt nulpunt. Nul graden heeft meneer Celsius ook maar geprikt, en het kan nog kouder. Een schaal met duidelijk meetbare intervallen maar zonder een echt nulpunt is een *interval*schaal. Bij marktonderzoek heb je er eigenlijk nooit mee te maken.

intervalschaal

Als er wel een nulpunt is en je kunt de intervallen meten en vergelijken, dan ben je bezig met een *ratioschaal*. Neem afstand: vanuit Utrecht gezien is Eindhoven ongeveer twee keer zo ver als Amsterdam. Utrecht is dan het nulpunt. Een ander voorbeeld is die vraag over inkomensklasse. De verschillen tussen de antwoordmogelijkheden zijn precies bekend, je kunt ermee rekenen en een inkomen van nul komma nul is ook nog mogelijk.

ratioschaal

Schalen als de Likert- en Osgood-schaal zijn ordinaal, ook al ken je cijfers toe aan meningen of houdingen. Maar nadat je per respondent het gemiddelde hebt berekend van de score van de items van één vraag, mag je daarna die gemiddelden wel statistisch verwerken als numerieke gegevens.

Onthoud

Meetniveau's (meetschalen)

Kwalitatief (discontinu)
- nominaal   verschillende waarden zonder rangorde
- ordinaal   onderlinge rangorde, maar verschillen niet meetbaar

Kwantitatief (continu)
- interval   rangorde met meetbare verschillen, maar geen nulpunt
- ratio   rangorde met meetbare verschillen en met een nulpunt

Waar hangt het nou van af welke vraagvorm je gebruikt? Open vragen passen meer bij kwalitatief onderzoek en bij ongestructureerde of halfgestructureerde gesprekken. Bij kwantitatieve enquêtes gebruik je ze alleen als het echt niet anders kan, of als vragen die vooral bedoeld zijn om de respondent op zijn gemak te stellen. In dat laatste geval is de statistische verwerking van die open vragen minder belangrijk.

Bij telefonisch enquêteren moeten de vragen vooral simpel zijn. De nadruk ligt daarbij sterk op gesloten vragen, vooral ja-neevragen en korte meerkeuzevragen. Aan de telefoon kun je alleen simpele schaalvragen stellen, multiple-itemschalen kosten in die situatie te veel tijd en er is te veel risico dat de vraag niet goed overkomt. Bij mondeling enquêteren kun je eventueel een deel uit open vragen laten bestaan. Andersom gezegd, als een serie open vragen echt nodig is, dan valt de telefoon als medium al snel af.

Alle beschreven vraagvormen zijn mogelijk bij mondeling en schriftelijk enquêteren. Ook bij een schriftelijke enquête kun je beter de nadruk leggen op gesloten vragen. Multiple-itemschalen lenen zich goed voor schriftelijk enquêteren. Voor een webformulier geldt hetzelfde als voor de schriftelijke enquête. Via internet enquêteren is in feite schriftelijk, we schrijven tenslotte steeds vaker digitaal dan op papier.

Opdrachten

6. a. Voor wat voor soort onderwerpen zijn schaalvragen geschikt?
   b. Waarvoor worden multiple-itemschalen vooral gebruikt?
   c. Welke voordelen van multiple-itemschalen kun je bedenken?

7. a. Welke soort bias kan optreden bij een serie multiple-item schaalvragen?
   b. Hoe kun je proberen dat tegen te gaan?

8. Wat is het verschil tussen een verbale schaal en een multiple-itemschaal?

9. a. Door een keuze 'neutraal' of 'geen mening' op te nemen loop je ook risico op een soort bias (die nog niet behandeld is). Bedenk wat voor bias dat kan zijn.
   b. Wat is het gevaar van het weglaten van deze keuzemogelijkheid?

10. a. Welke van de behandelde vraagvormen vallen onder de nominale schalen?

    b. En welke vallen onder de ordinale schalen?

    c. In welk geval kun je ordinale gegevens verwerken als een numerieke schaal?

11. a. Welke vraagvormen zijn bruikbaar bij telefonisch enquêteren?

    b. En welke bij schriftelijk enquêteren?

    c. En bij face-to-facegesprekken?

12. Werk je schaalvraag van opdracht 5 (stemming in de klas) om naar een multiple-itemschaal. Maak zelf een keuze voor een schaaltechniek en verklaar die keuze.

4.3   Vraagformulering

Goede vragen formuleren is een belangrijk en secuur karwei. Denk maar aan de vraagstelling bij toetsen of examens: hoe duidelijker en beter de vraag, hoe meer kans je hebt op een helder antwoord. Dat geldt natuurlijk ook voor interviews en enquêtes.

geen moeilijke woorden

Vragen stel je in de taal van je doelgroep. Als je die nog niet kent, moet je hem leren! Daarbij vermijd je zo veel mogelijk schrijftaal en gebruik je geen onnodig moeilijke woorden. Simpel en helder formuleren is meestal het beste.

niet dubbelzinnig

Een vraag moet *ondubbelzinnig* zijn: ieder normaal mens moet er maar één ding mee begrijpen. Als je vraagt

> Wat vindt u van het voorkomen van winkeldiefstal?

krijg je gegarandeerd verwarring. Het woord 'voorkomen' kan drie dingen betekenen: ervoor zorgen dat iets niet gebeurt; of juist dat iets af en toe gebeurt; of voor de rechter verschijnen. Zulke *homoniemen* (woorden die verschillende dingen kunnen betekenen) kun je beter vermijden.

Je kunt in dit geval vragen naar de mening over diefstalpreventie, hoewel 'preventie' weer niet door iedereen begrepen wordt. Bovendien is deze vraag veel te *algemeen*. Je kunt zo'n algemeen onderwerp beter splitsen in precieze deelvragen.

> Winkelcamera's zijn een goed middel om dieven te ontmoedigen   Ja/Nee
> Helaas kan door een foutje het alarm wel eens afgaan als een klant de winkel verlaat. Dat heb ik wel over voor de strijd tegen winkeldiefstal   Ja/Nee

Bij schriftelijk of face to face enquêteren kun je er een multiple-itemschaal van maken.

Een vraag mag de respondent geen woorden in de mond leggen. Met een vraag als:

> Bent u het ermee eens dat Biogarde yoghurt heel gezond is?

loop je het risico dat ook mensen die geen yoghurt lusten toch maar 'ja' zeggen. Je kunt beter vragen:

> Lust u yoghurt?   Ja/Nee
> Koopt u wel eens yoghurt?   Ja/Nee
> Wat is volgens u de invloed van yoghurt op de gezondheid?
>   □ Goed   □ Neutraal   □ Slecht
> Biogarde yoghurt is □ beter □ net zo goed □ minder goed voor de gezondheid als gewone yoghurt.
>
> Koopt u regelmatig jam? Ja/Nee
> Hoe vaak koopt u jam?
>   □ soms   □ regelmatig   □ vaak
> Hoeveel smeert u op een boterham?
>   □ een beetje   □ normaal   □ lekker dik

Die vragen over jam zijn te *vaag*. Wat is regelmatig? Wat is soms, vaak of een beetje? Dat verschilt sterk per persoon. Met een vage vraag krijg je vage antwoorden, dat is zonde van het onderzoeksbudget. Je kunt de antwoorden veel preciezer krijgen met:

> □ elke week □ elke twee weken □ elke maand □ minder
> □ een mespuntje □ een messteek □ twee messteken □ meer

De eerste vraag is dan niet eens nodig. Ook bij afstanden en bedragen kun je beter zo precies mogelijk zijn. Bij hoeveelheden, bedragen en maten van tijd en afstand werken schaalvragen met duidelijke antwoordcategorieën het best.

geen ontkenningen *Negatieve* vragen, met een ontkenning, kunnen verwarrend werken en ook nog suggestief zijn.

>Bent u het er niet mee eens dat......

Wat betekent het antwoord 'ja'; ben ik het er dan mee eens of juist niet? Je kunt beter een duidelijke bewering geven en dan een schaal van helemaal mee eens tot helemaal mee oneens.

>Gaat u nooit naar de kerk?

Je kunt beter vragen hoe vaak iemand naar de kerk gaat (wekelijks, maandelijks, enzovoort). Nog slechter werkt een *dubbele* ontkenning.

>Bent u het er niet mee eens dat je nooit geweld moet gebruiken?

Deze vraag is moeilijk te beantwoorden en leidt gegarandeerd tot veel fouten. Een mening over geweldsgebruik breng je beter in kaart met een paar duidelijke beweringen (geweld mag je alleen gebruiken als zelfverdediging, het mag alleen als de wet het toestaat), met een multiple-itemschaal.

één ding tegelijk Ook een vraag naar meerdere dingen tegelijk leidt tot verwarring en dus tot fouten in de antwoorden.

>Drinkt u koffie en thee?

Wat kan iemand antwoorden die vrij vaak koffie drinkt en eigenlijk maar zelden thee. Deze vraag kun je beter splitsen.

>Drinkt u koffie? □ dagelijks □ paar keer per week □ zelden □ nooit
>Drinkt u thee? □ dagelijks □ paar keer per week □ zelden □ nooit

Op het eerste gezicht ziet de volgende vraag eruit als een duidelijke, onschuldige vraag (hoewel 'vaak' alweer te vaag is).

Gaat u vaak met het vliegtuig op vakantie?

Maar wat moeten mensen antwoorden die nooit op vakantie gaan? Deze vraag vraagt naar twee dingen tegelijk: (1) gaat u op vakantie en (2) met welk vervoermiddel. Ook deze vraag kun je beter splitsen.

Hoe vaak gaat u op vakantie?
□ nooit (ga naar vraag ….) □ 1 × per jaar □ 2 × per jaar □ vaker
In hoeveel van die gevallen reist u per vliegtuig?
□ nooit □ ongeveer de helft van de keren □ altijd

kennis

herinnering

Waar kun je precies naar vragen? Naar dingen die de respondenten *weten*. Je gaat de gemiddelde autorijder niet vervelen met vragen over motorvermogen en klepafstelling. Maar ook al vraag je naar alledaagse dingen en ervaringen, dan nog moet je niet vragen naar dingen die de meeste mensen zich niet goed *herinneren*. Iedereen kent de vraag over het alibi bij een rechtszaak: waar was u op 12 februari vorig jaar tussen 20:00 en 22:00 uur? Hetzelfde probleem geldt bij marktonderzoek.

Welke tv-programma's zag jij vorige week maandag?

Als je dit wilt onderzoeken, moet je de vraag gelijk de volgende dinsdag stellen, anders is het verspilde moeite.

Hoeveel wijn dronk u het afgelopen jaar?

Een onzinnige vraag, want mensen zijn geen computers. Zoiets moet je op een andere manier onderzoeken. Daarnaast speelt bij herinnering een vorm van bias, het *telescoop*-effect: $5\frac{1}{2}$ week geleden herinneren veel mensen zich als 'vorige maand', 9 dagen geleden als 'vorige week'. Dit effect werkt ook naar de toekomst toe, we schatten vaak verder weg dan reëel is. Niet alleen de factor tijd wordt in onze hoofden vertekend.

Bij welk percentage van uw cafébezoeken legt u een kaartje?

Behalve tijdsduur is ook het schatten van *percentages* voor veel mensen moeilijk. De antwoorden op zo'n vraag kloppen daarom niet goed met de werkelijkheid.

Een vraag die veel moeite kost om te beantwoorden, is slecht voor je onderzoek. Dat geldt voor die herinneringsvragen, maar ook voor vragen waar mensen diep over na moeten denken.

> Is carpoolen beter of slechter voor het milieu dan rijden in deeltijdauto's?

Ten eerste vraag je hier twee dingen tegelijk. Ten tweede vraag je mensen eigenlijk om beleidsambtenaar te spelen: hoe moeten gewone mensen zulke maatregelen nou even snel tegen elkaar afwegen? Zelfs al heb je de benodigde informatie bij de hand, dan nog kost dat een hele studie. Een enquête is geen examen.

> Hoeveel spaart u gemiddeld per maand?

Er zijn mensen die dat in hun hoofd hebben, maar er zijn er ook genoeg die dat niet zo één, twee, drie weten. De vragenlijst moet prettig en vlot te beantwoorden zijn. Te lastige vragen leiden niet alleen tot weinig betrouwbare antwoorden, ze zijn ook heel slecht voor de respons.

Vragen naar een sociaal wenselijk antwoord heeft geen zin. Zo'n vraag formuleer je anders. Ook heeft het geen zin om directe vragen te stellen naar *gevoelige* onderwerpen, zoals inkomen, seks, drugsgebruik, enzovoort. De gevoeligheid van onderwerpen kan verschillen per doelgroep: voor veel scholieren ligt huiswerk wat gevoelig, terwijl je een fijn-gereformeerde medelander niet direct aanspreekt over het homohuwelijk.

Directe vragen naar zulke onderwerpen zijn voor veel mensen *bedreigend*. Dat is slecht voor de respons, dus voor je onderzoek. Toch heb je bij veel onderzoeken zulke informatie nodig, bijvoorbeeld over de inkomens- of welstandsklasse van de respondenten. Er zijn verschillende trucs om een vraag minder bedreigend te maken.
- Begin de vragenlijst nooit met zulke onderwerpen, bewaar ze voor het laatste deel.
- Leg sterk de nadruk op de vertrouwelijkheid (anonimiteit). Hoe geloofwaardiger dat is, hoe meer mensen mee willen werken.
- Werk zo nodig met self-completion.
- Maak de antwoordcategorieën flink breed (bijvoorbeeld die inkomensklas-

sen), dan heeft de respondent minder het gevoel zich vast te pinnen.

- Werk met indirecte vraagtechnieken, bijvoorbeeld over seksueel gedrag of over drugsgebruik.

Over de welstandsklasse van respondenten kun je ook indirect heel wat aan de weet komen, zonder direct naar de inkomensklasse te vragen.

> Huurt u dit huis of hebt u het gekocht?
> Heeft u een auto?
> Heeft u een auto van de zaak?
> Heeft uw gezin een tweede auto?
> Bezit u een caravan?
> Bezit u een camper?
> Heeft u een boot?
> Heeft u recht op huurtoeslag?
> Heeft u een vakantiehuisje?
> Wat is uw beroep?
> Hoeveel jaar oefent u dat beroep al uit?

Een serie van zulke vragen komt niet bedreigend over. Je kunt zo'n serie ook splitsen en bij verschillende, toepasselijke delen van de vragenlijst plakken, dan valt het minder op wat je aan het doen bent. Door de antwoorden te combineren kun je een heel aardig profiel van de respondenten krijgen. Wel heb je dan veel secundaire gegevens nodig, zoals inkomen per beroep naar leeftijd en ervaring.

motieven

Ook directe vragen naar beweegredenen of *motieven* werken niet goed. Dat komt niet doordat mensen ze bedreigend vinden, maar doordat we ons veel van onze beweegredenen niet zo goed bewust zijn. Waarom je naar school gaat of waarom je werkt, weet je nog wel snel onder woorden te brengen, maar waarom vind je merk X nou leuker dan merk Y? En waarom ga je liever naar voetbal dan naar basketbal? Over dat soort dingen hebben mensen allerlei ideeën en gevoelens, die vrij vaag kunnen zijn. Voor zulke informatie kan kwalitatief onderzoek beter geschikt zijn. Als je het toch via een enquête wilt weten, kun je werken met multipe-item schaalvragen.

antwoordschalen

Voor het opstellen van antwoordschalen gelden weer aparte eisen. Een goede schaal is *volledig*, want anders weten mensen niet wat ze moeten antwoorden. Iedereen moet zijn antwoord op de schaal kwijt kunnen. Antwoordcategorieën mogen niet *overlappen*, ze moeten elkaar uitsluiten. Ze moeten zo *precies* mogelijk zijn.

Je moet ook proberen de antwoorden zo evenwichtig mogelijk over de verschillende mogelijkheden te *verdelen*. Als je drie gradaties positieve antwoorden opneemt en maar eentje negatief, kan dat vertekening opleveren: veel respondenten willen niet steeds het uiterste kiezen. Om antwoordtendentie tegen te gaan, kun je de *volgorde* van de schaal (van eens naar oneens bijvoorbeeld) af en toe omwisselen; maar ook weer niet te veel, want dat werkt verwarrend.

Al deze eisen aan de formulering van je vragen zijn niet alleen nodig om goede antwoorden te krijgen, ze zijn ook nodig om *vergelijkbare* antwoorden te krijgen.

Onthoud

Eisen aan goede vragen:
- in de taal van de doelgroep;
- geen (moeilijk) woord te veel;
- niet dubbelzinnig;
- precies en ter zake;
- niet suggestief;
- geef hoeveelheden, bedragen of maten (tijd, afstand) precies aan;
- geen (dubbele) ontkenning;
- vraag één ding tegelijk;
- vraag alleen naar dingen die men weet en zich herinnert;
- makkelijk te beantwoorden.

Eisen aan antwoordschalen:
- volledig, geen overlap, precies, evenwichtige verdeling en volgordes.

Opdrachten

13. Vul de ontbrekende woorden in: een slecht geformuleerde vraag leidt tot ....fouten en is een vorm van ....

14. Geef aan welk probleem er met de vraag is en verbeter de vraag. Als dat nodig is, kies je een geschiktere vraagvorm en/of splits je de vraag.
    a. Heden ten dage is er sprake van groeiende gevoelens van onveiligheid in ons maatschappelijk bestel. Wat is uw mening hierover?
    b. Houdt u ook zo van zonvakanties?

    c. Hoe vaak eet u kip?

    d. Heeft u nog van die katoenen luiers in huis of gebruikt u alleen wegwerpluiers?

    e. Koopt u nooit een duurder artikel als er een goedkopere variant te krijgen is? Ja/Nee

    f. Koopt u wel eens Dubro afwasmiddel? Ja/Nee
Zo ja: Ik koop Dubro omdat   ☐ het zo lekker ruikt ☐ mijn moeder het kocht ☐ het goed is voor mijn handen

    g. Gooit u altijd alle GFT-afval in de daarvoor bestemde bak?   Ja/Nee

    h. Hoeveel geeft u wekelijks uit aan boodschappen?

4.4   De vragenlijst en kwaliteitscontrole

Bij enquêtes werk je met een *gestructureerde* vragenlijst: alle vragen staan vast en moeten voor alle respondenten gelijk zijn, zelfs de volgorde. De volgorde waarin respondenten de vragen doorlopen heet ook wel de *routing* van de vragenlijst. Een vragenlijst begin je met een korte, duidelijke *inleiding*. Daarin geef je het onderwerp en het doel van de enquête nog eens duidelijk aan. Je kunt de waarborging van anonimiteit nog eens noemen. Ook kun je er instructies voor het invullen kwijt.

routing

inleiding

groeperen

Bij een grotere vragenlijst kun je de vragen het best groeperen in afzonderlijke stukjes met elk hun eigen onderwerp, waarbij je elk stukje een kleine inleiding geeft. Dat is goed voor de duidelijkheid en bovendien breekt het die lange waslijst. Tegelijk moet je ervoor oppassen dat je geen lange opeenvolgingen van steeds hetzelfde soort vraag krijgt, anders loop je het risico van antwoordtendentie en volgorde-effecten. Het is dus schipperen tussen logische volgorde en toch wat afwisseling. Die logische volgorde geldt niet alleen voor het onderwerp, maar bijvoorbeeld ook voor het tijdstip. Meerdere vragen over het verleden of de toekomst plaats je het liefst bij elkaar om niet van de hak op de tak te springen.

inleidende vragen

Begin bij voorkeur met één of een paar vragen die uitnodigend zijn en makkelijk en prettig om te beantwoorden. De stemming waarin een respondent aan het beantwoorden begint, is belangrijk voor de respons en voor de kwaliteit van de antwoorden. Verder is het verstandig om de volgorde van onderwerpen van breed naar smal te nemen, ofwel van algemeen naar specifiek. Daarbij begin je met de leukste en aantrekkelijkste vragen, en bewaar je gevoelige of bedreigende onderwerpen voor het laatst. Dit heet de *funnel*techniek (funnel betekent trechter).

Er zijn vragen die alleen maar zin hebben voor een deel van de doelgroep. Als iemand geen margarine lust, hoef je hem ook niet te vervelen met vragen over margarinemerken. Mensen die niet beleggen in aandelen, ondervraag je daar niet over. Hiervoor zijn filtervragen nuttig.

Bezit u een caravan?   Ja/Nee   Zo nee, ga naar vraag …

filtervraag

*Filter*vragen (of *zeef*vragen) zijn ja-neevragen met als doel om een deel van de steekproef te selecteren voor een kleine serie vragen over een bepaald onderwerp. De caravanbezitters wordt gevraagd naar het merk en hun gedrag met de caravan, andere respondenten slaan deze vragen over.

controlevraag

Om eventuele bias van de respondent op het spoor te komen kunnen *controle*vragen nuttig zijn. Dat is een vraag waarmee je vrijwel hetzelfde vraagt als een vraag die een eind terug gesteld werd, maar nu op een andere manier. De antwoorden moeten natuurlijk met elkaar kloppen, anders zijn de antwoorden van deze respondent niet *consistent* en dus niet zo betrouwbaar. Zo'n vraag kun je ook een beetje verstoppen.

vraag 4   Koopt u Biogarde yoghurt?   Ja/Nee
vraag 14   Wilt u aanvinken welke artikelen u regelmatig koopt?
             (volgt een serie met onder andere Biogarde yoghurt).

lengte

Tot slot loop je de vragenlijst door: heb je alleen gevraagd wat écht nodig is voor de probleemstelling en het onderzoeksdoel? Zulke lijsten pakken eerder te lang dan te kort uit, vaak is het nodig om weer te schrappen. Een korte vragenlijst is goed voor de respons en voor het onderzoeksbudget.

lay-out

De vormgeving ofwel *lay-out* van de vragenlijst is heel belangrijk. De bladspiegel moet rustig en overzichtelijk zijn, alle respondenten moeten de letters goed kunnen lezen en men moet makkelijk de weg kunnen vinden, bijvoorbeeld na een filtervraag.

enquêteursinstructie

Bij mondelinge afname (face to face of telefonisch) maak je een *enquêteursinstructie*, zeker als er verschillende enquêteurs aan het werk gaan. Een enquête moet zo veel mogelijk systematisch en steeds op dezelfde manier afgenomen worden. Onderwerpen voor deze instructie zijn:

- de inleiding en uitleg aan de respondent;
- het benadrukken van de anonimiteit en uitleggen hoe die gewaarborgd is;
- de manier van afname (thuis, schriftelijk, CAPI, enzovoort);
- de volgorde van de vragen, die steeds hetzelfde moet zijn;
- gebruik van beeldmateriaal, zoals antwoordkaartjes, toonkaartjes, foto's of verpakkingen;
- afsluiting van het gesprek (bedanken, eventueel adres voor vragen of opmerkingen achterlaten).

Enquêteren is duur. Hoe meer je een vragenlijst kunt verbeteren, hoe beter. Omdat iedereen blinde vlekken heeft en fouten maken menselijk is, leg je de vragenlijst eerst eens aan een paar collega's voor. De kans is groot dat die al onduidelijkheden op het spoor komen en suggesties hebben voor verbetering. Als je eenmaal denkt dat de lijst perfect is, kun je een *proef*enquête houden: je gaat proefdraaien met een klein aantal personen uit de doelgroep, bijvoorbeeld tien. Met deze vorm van verkennend (pilot)onderzoek kun je nog fouten in de vragenlijst op het spoor komen voordat het te laat is.

proefenquête

Bij het proefdraaien gaat het om:

- de vraagtechniek: leidt die tot het gewenste resultaat?;
- de tijdsduur van afname of invullen;
- de gevoelsmatige indruk die de enquête op de proefrespondenten maakt.

Begrijpt men alle vragen snel? Kunnen er nog vragen uitgesplitst worden? Zitten er geen dubbelzinnigheden in de vragen die tot vreemde antwoorden leiden? Bij het vergelijken van antwoorden op dezelfde vraag kan blijken dat de vraag op verschillende manieren is begrepen. Zijn de antwoorden precies genoeg? Is de volgorde overzichtelijk en prettig? Wat vindt men van de lay-out? Hebben mensen wel zin in deze vragenlijst?

controle veldwerk

Na afloop kan het nodig zijn om te controleren:

- of de gesprekken inderdaad gevoerd zijn;
- of daarbij alle vragen gesteld zijn;
- of de antwoorden juist zijn ingevuld.

Bij een grotere steekproef kan het zinvol zijn om een 'steekproef uit de steekproef' te nemen en deze respondenten te bellen met een paar controlevragen.

Opdrachten

15. a. Hoe kun je respondenten op het spoor komen die alleen maar voor de vorm hebben geantwoord, dus niet erg correct?
    b. Van welk verschijnsel hadden die respondenten waarschijnlijk last?

16. Uit welke twee onderdelen bestaat de kwaliteitscontrole bij een enquête?

Groeps-opdrachten

17. Ga op www.practicx.nl naar het extra materiaal bij hoofdstuk 4 van dit boek en neem de vragenlijst 'Ruby' erbij. Lees die eerst eens rustig door.
    a. Voor welke afnamevorm is gekozen? Waarom?
    b. Beantwoord de enquête individueel (behalve vraag 10, incompleet) en klok hoeveel tijd je daarvoor nodig hebt. Vergelijk de tijden.
    c. Beoordeel de inleiding: is die uitnodigend, is die duidelijk, is die niet te kort of te lang? Stel met elkaar een verbeterde inleiding op.
    d. Geef voor de vragen 1 t/m 5, 13, 20 aan welke vraagvorm ze hebben.
    e. Wat voor vragen tref je aan vanaf vraag 24? Waarom staan die aan het eind?
    f. Beoordeel vraag 32.
    g. Wat is de functie van vraag 33? Wat zijn de voor- en nadelen van zo'n vraag?
    h. Vergelijk de antwoordschaal van vraag 7 met die van vraag 1. Wat ontbreekt bij vraag 7? Vergelijk ook vraag 11 met vraag 5. Beide vormen hebben voor- en nadelen. Bedenk met elkaar welke en formuleer jullie mening hierover.
    i. Beoordeel de antwoordschalen van de vragen 14 en 15. Welke verbeteringen kun je aanbrengen?
    j. Bedenk verbeteringen voor de vormgeving van de vragen.

18. Open de vragenlijst 'R&D en software' van het CBS.
    a. Op welke doelgroep is deze enquête gericht?
    b. Beoordeel de vormgeving, de duidelijkheid en het gemak van het invullen.
    c. Het CBS heeft duidelijk erg haar best op gedaan om de vragenlijst zo kort mogelijk te houden. Bedenk de reden daarvan.

19. a. Open de vragenlijst 'veiligheid'. Voor welke vorm van afname is bij deze enquête gekozen?
    b. Vorm paren van 2 en neem elkaar de enquête af. Neem voor het jaartal vorig jaar. Ga na of de gestelde tijdsduur reëel is.

    c. Breng in kaart welke vraagvormen je in deze enquête aantreft.

    d. Zoek slecht geformuleerde vragen en verbeter die.

    e. Welk probleem is er met vraag 13?

    f. Bij de vragen 38 t/m 41 moet de respondent rapportcijfers geven. Bedenk van zo'n type vraag een nadeel en een voordeel.

    g. Welke meetschaal gebruik je bij een vraag naar een rapportcijfer?

    h. Bedenk of het nodig is om vraag 46 te stellen. Wat zou de functie van die vraag zijn?

20. Open de Vragenlijst Centrum voor Consumenten Informatie (CCI).

    a. Wat is de bedoeling van de inleidende vraag (verbetering NAW-gegevens)? Welk probleem kan deze vraag opleveren? Hoe zou je dat op kunnen lossen?

    b. Bedenk waar al die kleine nummertjes voor dienen.

    c. Bij welke verschillende soorten marktonderzoek kun je deze enquête indelen (zie ook paragraaf 1.2)?

    d. Zoek twee voorbeelden van filtervragen.

    e. Een incentive voor deelname aan deze enquête is heel belangrijk. Verklaar waarom.

    f. Bedenk een goede incentive voor deze enquête.

    g. Vraag 9.5 is qua onderwerp gedeeltelijk een buitenbeentje in deze vragenlijst. Waarom is deze vraag opgenomen?

    h. Wat is de functie van vraag 13.3?

21. a. Stel met elkaar een korte vragenlijst (2 of 3 A4'tjes) op voor een tevredenheidsonderzoek over de schoolkantine. Je kunt in overleg met je docent ook een ander onderwerp nemen.

    b. Maak er ook een korte verantwoording bij: waarom juist die vraagvormen? Waarom deze volgorde?

4.5   Samenvatting

Aan de hand van de onderwerpen waar je informatie over zoekt, stel je de vragenlijst op. Per item kies je de juiste vraag*vorm*: open of gesloten. Een gesloten vraag kan *dichotoom* zijn (zoals 'ja-nee'), *meervoudig* (meerdere antwoorden mogelijk) of *multiple choice* (één antwoord mogelijk van drie of meer mogelijkheden). De laatste twee vormen kun je ook *halfopen* maken door de mogelijkheid van een eigen antwoord toe te voegen. Bij een *schaalvraag* is één antwoord goed en zit er een duidelijke volgorde in de antwoordmogelijkheden. Je gebruikt ze voor het meten van meningen, gevoelens of intenties. Een *multiple-item*schaal bestaat uit een kleine serie deelvragen. Aan de keuzemogelijkheden ken je nummers toe, waardoor je het gemiddelde per respondent kunt berekenen.

Een schaal waar geen rangorde in zit, is *nominaal*. Zit er wel een rangorde in, maar kun je de afstand tussen de keuzen niet in cijfers vatten, dan is het een *ordinale* schaal. Zijn de afstanden wel getalsmatig en steeds even groot, dan heb je een *kwantitatieve* of *numerieke* schaal. Daarvan heeft de *interval*schaal geen nulpunt, en de *ratio*schaal wel. De waarden op een kwalitatieve schaal zijn *discontinu*; op een kwantitatieve schaal zijn ze *continu*.

Vragen formuleer je zó dat ze *vergelijkbare* antwoorden opleveren. Een goede vraag sluit aan bij het taalgebruik van de doelgroep en is zo kort mogelijk, ondubbelzinnig, precies, vraagt één ding tegelijk en is niet suggestief. Ontkenningen kun je beter niet gebruiken. Vragen naar lastige dingen, motieven, herinnering van een poos geleden en gevoelige onderwerpen leveren vertekening op. Je moet dan de vraagtechniek aanpassen (of de onderzoeksmethode). Een goede antwoordschaal is volledig, zonder overlap, precies en evenwichtig verdeeld.

Bij de *routing* van een gestructureerde vragenlijst hoort een inleiding met toelichting en zo nodig een groepering op onderwerp. *Inleidende* vragen zijn belangrijk voor de duidelijkheid en voor de respons. Met *filter*vragen kun je bepaalde vragen alleen aan een deel van de respondenten stellen. Met *controlevragen* kun je nagaan of een respondent *consistent* was bij de beantwoording. Een vragenlijst is niet langer dan nodig, heeft een logische volgorde, een duidelijke lay-out en leidt zo min mogelijk tot antwoordtendentie. Een *enquêteursinstructie* is nodig voor een systematische afname. De kwaliteitscontrole vooraf bestaat uit pilotonderzoek (*proef*enquête) om fouten op te sporen. De kwaliteitscontrole achteraf bestaat uit controle op het veldwerk.

4.6   Begrippen

Continue waarden	Variabelen met vergelijkbare onderlinge verschillen, waarmee je kunt rekenen. Deze kom je tegen bij intervalschalen en ratioschalen.

Controlevraag	Vraag waarop het antwoord moet kloppen met een andere vraag, om de consistentie van de beantwoording te controleren.
Dichotome vraag (ja-neevraag)	Gesloten vraag met twee antwoordmogelijkheden.
Discontinue waarden	Kwalitatieve variabelen waarmee je niet kunt rekenen. Kom je tegen bij het nominale en ordinale meetniveau.
Filtervraag (zeefvraag)	Ja-neevraag waarmee je een deel van de steekproef kunt selecteren voor een kleine serie vragen over een bepaald onderwerp.
Gesloten vraag	Vraag met een beperkt aantal vaststaande antwoordmogelijkheden.
Halfopen vraag	Meervoudige vraag met een open antwoordmogelijkheid ('Anders, namelijk.......').
Intervalschaal	Meetniveau waarop de variabelen duidelijk meetbare intervallen kennen, maar geen echt nulpunt.
Meerkeuzevraag (multiple choice vraag)	Gesloten vraag met meer dan twee antwoordmogelijkheden, waarvan er maar één gekozen mag worden.
Meervoudige vraag	Gesloten vraag met meer dan twee antwoordmogelijkheden, waarvan meerdere goed kunnen zijn.
Multiple-itemschaal	Schaaltechniek waarbij je een kleine serie schaalvragen met scores gebruikt om een houding of mening te meten.
Nominale schaal	Kwalitatief meetniveau waarbij de verschillende mogelijkheden geen onderlinge rangorde hebben.
Open vraag	Vraag waarbij de respondent vrij een antwoord kan formuleren
Ordinale schaal	Kwalitatief meetniveau waarbij de antwoordmogelijkheden een onderlinge rangorde hebben, zonder dat je de verschillen ertussen kunt berekenen.
Ratioschaal	Kwantitatief meetniveau waarbij de variabelen een nulpunt kennen en duidelijk meetbare intervallen.
Schaalvraag	Meerkeuzevraag waarvan de antwoorden een schaal vormen van opeenvolgende categorieën of scores; om een opinie, intentie of attitude te meten.

5 Frequentie

5.1   Frequentietabel

Het woord frequent betekent 'vaak'. In een *frequentietabel* is geteld hoe vaak een verschijnsel voorkomt.

Voorbeeld

Klas 2B wil er eens uit, met de auto. Sushma gaat tellen hoeveel leerlingen een rijbewijs hebben. Ze ondervraagt iedereen, ze turft de aantallen op een kladje en maakt dan een frequentietabel:

Klas 2B: rijvaardigheid	
wel rijbewijs	14
geen rijbewijs	16
totaal	30

In deze populatie is de frequentie van het kenmerk 'wel rijbewijs' 14. De frequentie van het kenmerk 'geen rijbewijs' is 16. Voor een frequentietabel is altijd iets geteld, namelijk het aantal malen dat een kenmerk of een waarde in de populatie of steekproef voorkomt. In een frequentietabel kunnen bedragen, hoeveelheden, kilometers of lengten alleen in de voorkolom staan. In de andere kolom staan alleen frequenties: aantallen. Het nut van een frequentietabel is dat je het overzicht krijgt over een grote massa gegevens.

Bij een ja-neevraag deel je de massa in in twee waarden, in twee klassen. Bij veel andere vragen, bijvoorbeeld naar leeftijd, zijn veel waarden mogelijk. Je gaat geen tabel maken met 60 regels voor alle leeftijden, een tabel is er immers voor de overzichtelijkheid. Je groepeert meerdere leeftijden op één regel. Als je meerdere waarden samen groepeert, vormen die waarden samen een *klasse*. In een frequentietabel staan de klassen in de voorkolom. De klassen mogen elkaar niet overlappen.

Leeftijd werknemers Jong & Fris 2012	
21 - 25 jaar	7
26 - 35 jaar	15
36 - 45 jaar	6
46 - 55 jaar	3
56 - 65 jaar	1
totaal	32

frequentie

De *frequentie* is het aantal malen dat een kenmerk voorkomt in de bestudeerde populatie of massa. Een frequentietabel laat zien hoe de waarnemingen verdeeld zijn over de klassen; het is een frequentieverdeling. In het voorbeeld zijn er zeven werknemers met een leeftijd van 21, 22, 23, 24 of 25 jaar. De frequentie in de klasse 21-25 is dus 7. De precieze leeftijd per werknemer is na de classificatie (het indelen van waarnemingen in klassen) niet meer te zien.

discontinu variabel

In tabellen kun je te maken hebben met verschillende soorten waarden. Leeftijd is een voorbeeld van een *discontinu* variabele waarde: zulke waarden gaan stapsgewijs omhoog of omlaag. Meestal hebben die geen cijfers achter de komma. Sommige waarden kunnen alleen als hele getallen voorkomen, denk aan personen, auto's of lucifers. Je rekent nu eenmaal niet met halve personen of auto's. Leeftijden zijn meestal discontinu. Als je iemand naar zijn leeftijd vraagt, krijg je niet te horen: 'Ik ben 19 jaar, 10 maanden en 20 dagen...'; het antwoord is 19. Bij discontinu variabele waarden werk je in tabellen meestal met het – teken. Men noemt ze ook wel *discrete* waarden.

Soms zijn waarden discontinu variabel omdat ze zijn afgerond. Op deze manier verspringen ze dus ook stapsgewijs. Denk aan gewichten die zijn afgerond op hele kilo's. Als de waarden niet afgerond zijn, moet je een ander teken gebruiken in de voorkolom.

Voorbeeld

50 –< 60 kg   van 50 kilo tot 60 kilo

60 –< 70 kg   van 60 kilo tot 70 kilo

59 kilo en 999 gram staat op de eerste regel, 60 kilo op de tweede.

continu variabel

Het –<-teken gebruik je bij *continu* variabele waarden: waarden die doorlopen. Meestal hebben deze cijfers achter de komma. Continu variabele waarden verspringen niet, alsof er niets tussenin zit. Voorbeelden zijn temperatuur, lengte en tijd.

Meestal noteer je continu variabele waarden met twee cijfers achter de komma, niet meer. Daarom worden variabelen met twee cijfers achter de komma vaak als continu variabel beschouwd. Neem bijvoorbeeld een tabel met onafgeronde geldbedragen in de voorkolom. Stel dat je in de voorkolom van de eerste regel dit zet:

€ 5,–   –   € 6,–

Regel 2 moet nu beginnen met € 6,01. Dat staat niet mooi, en het zou het rekenen lastig maken. Daarom gebruik je bij zulke waarden in tabellen niet het – teken, maar het –<-teken:

regel 1:   € 5,–   –<   € 6,–

regel 2:   € 6,–   –<   € 7,–

Let op: ook al lijken de benamingen sterk op elkaar, continu of discontinu variabele waarden is een ander begrip dan de continue en discontinue variabelen die je tegenkwam in paragraaf 4.2 bij de meetschalen.

Opdracht

1. Geef voor elke tabel aan of het een frequentietabel is. Geef ook aan of de voorkolom continue variabele waarden bevat of discontinue. Verklaar je antwoorden.

a.

Telling van aantal bezoekers van Zwembad DoorNat, namiddag van 1 april				
tijdstip	mannen	vrouwen	kinderen	totaal
13 –< 15.00 uur	12	22	30	64
15 –< 17.00 uur	14	25	35	74
17 –< 18.00 uur	13	20	30	63
18 –< 21.00 uur	28	38	34	100
totaal	67	105	129	301

b.

Omzet IzzY DizzY (x €1000,–)				
	rokken	blouses	blazers	totaal
kwartaal 1	67,50	48,00	75,00	190,50
kwartaal 2	105,00	63,20	62,50	230,70
kwartaal 3	75,00	72,00	50,00	197,00
kwartaal 4	99,00	64,00	43,75	206,75
Totaal	346,50	247,20	231,25	824,95

c.

Totaal verzuim per jaar Jong & Fris, 2009-2013 in werkdagen	
2009	336
2010	390
2011	448
2012	476
2013	494

5.2 Gelijke klassen

Een jaar later moet medewerker Guido van Jong & Fris de leeftijdsopbouw van de werknemers weer in kaart brengen. In de verzamelfase van zijn onderzoek noteert hij eerst de leeftijd van elke werknemer. Voor 2013 maakt hij het volgende overzicht.

32	25	28	21	54	20	41
29	26	47	35	32	33	24
40	64	27	24	23	31	38
18	40	26	31	48	24	26
33	34	44	39	22	29	

variatiebreedte   Het verschil tussen de hoogste en laagste waarde heet de *variatiebreedte*.

Opdracht   2. a. Bereken de variatiebreedte voor de gegevens van Jong & Fris.

   b. Hoeveel werknemers telt de onderneming in 2013?

Guido moet nu de klassen indelen om een voorkolom te maken. Dat lijkt op het maken van een schaalverdeling voor een diagram. Ook daar ga je uit van het verschil tussen de hoogste en de laagste waarde: de variatiebreedte. De hoogste én de laagste waarde moeten binnen de klassen of schaalverdeling passen. De klassen mogen niet overlappen, en moeten op elkaar aansluiten. Er mogen geen waarnemingen 'buiten de boot vallen'.

Guido zit te dubben. Hij kan de variatiebreedte delen door 10: in elke klasse komt dan 4,6 jaar, een beetje oprekken dus 5 jaar. Hij krijgt dan een tabel met 10 klassen die elk 5 jaar breed zijn: 16-20, 21-25, 26-30, enzovoort.

klassenbreedte   De *klassenbreedte* bij discontinu variabele waarden (van ... t/m ...) is het aantal verschillende waarden dat een klasse kan bevatten. In de klasse 16-20 passen vijf leeftijden: 16, 17, 18, 19 en 20 jaar. De klassenbreedte is dus 5. Bij continu variabele waarden (van −< tot) is de klassenbreedte gelijk aan de bovengrens min de ondergrens. De breedte van de klasse € 5,- −< € 6,50 is € 1,50.
Een tabel met veel klassen geeft veel informatie; maar hoe meer klassen, hoe minder overzicht.

Onthoud   Algemene regels voor het aantal klassen
- Een frequentietabel heeft tussen de vijf en de vijftien klassen.
- Tot 25 waarnemingen nooit meer dan vijf klassen.
- Vijftien klassen pas vanaf 225 waarnemingen.
- Maak de klassenbreedte overzichtelijk en makkelijk, bijvoorbeeld sprongen van vijftallen of tientallen.

Bij kleine hoeveelheden (tot 100) neem je tussen de vijf en de tien klassen. 'Oké', zegt Guido, 'vijf klassen'. De klassenbreedte wordt 46 : 5 = 9,2. Beetje oprekken, een klassenbreedte van 10 jaar. Hij maakt een voorkolom: 16-25 jaar, 26-35 jaar, enzovoort.

Nadat de klassen zijn ingedeeld, pak je weer het overzicht van de waarnemingen en ga je turven: je loopt de waarnemingen af en zet per waarneming een streepje in de klasse waar hij thuishoort. Elk vijfde streepje staat dwars door de eerste vier: een stapeltje van vijf. Dat telt makkelijker dan losse streepjes.

Voorbeeld

Ik heb het geld in mijn portemonnee geteld en geturfd:

euro's	~~////~~ ///
halve euro's	~~////~~ ~~////~~ ~~////~~ //
munten van 10 eurocent	~~////~~ ~~////~~
munten van 5 eurocent	~~////~~ //

Opdrachten

3. Hoeveel muntgeld zit er in de portemonnee van het voorbeeld?

4. Neem het overzicht van de leeftijden van werknemers (boven opdracht 2).
   a. Turf de waarnemingen. Ga daarbij uit van de vijf klassen van Guido. Achter de turfjes noteer je het totaal van de turfjes per klasse.
   b. Nu de totalen optellen. Klopt het totaal aantal waarnemingen met je antwoord van opdracht 2.b.?

Je hebt met de gegevens van Jong & Fris een tabel opgesteld met vijf klassen. Elke klasse bevat tien leeftijden, dus deze frequentietabel heeft *gelijke* klassen. Guido laat de tabel aan een collega zien. Die vindt het een nette tabel, maar ze vindt het raar dat de eerste klasse nu 16-25 jaar is: 'Dat was vorig jaar toch 21-25 jaar?'

'Dat klopt', zegt Guido. 'Vorig jaar was de jongste werknemer bij ons 22 jaar. Ik heb toen de eerste klasse van de tabel ingekort, anders zou het een verkeerd beeld geven.' In 2013 zijn er twee jongere werknemers bijgekomen, de eerste klasse is nu breder gemaakt. De tabel voor 2012 is een voorbeeld van een frequentietabel met *ongelijke* klassen: de klassenbreedte is niet voor alle klassen gelijk. Dat kan nodig zijn als de helft van de klasse leeg is. Het kan ook nodig zijn om twee klassen samen te voegen als één klasse helemaal leeg is.

Opdrachten

5. a. Welke klassenbreedten vind je in de eerste tabel van Jong & Fris?
    b. Wat heeft de variatiebreedte te maken met de klassenindeling van een frequentietabel?

6. Waarom voeg je in een frequentietabel meerdere waarden samen tot één klasse?

7. Kun je de verzamelde gegevens altijd in hun oorspronkelijke vorm terugvinden in een frequentietabel? Geef een voorbeeld.

8. Guido paste in 2012 de breedte van de eerste klasse aan. Leg uit waarom hij zegt: 'Anders zou het een verkeerd beeld geven'.

9. Bij Opsteker Lucifers moeten tussen de 150 en 170 lucifers in een doos zitten. De productiemanager laat een steekproef houden. Elk half uur telt iemand de inhoud van een doos. De resultaten:

tijd	aantal	tijd	aantal	tijd	aantal
9.00	155	12.00	170	14.30	178
9.30	150	12.30	140	15.00	145
10.00	160	13.00	155	15.30	135
10.30	130	13.30	165	16.00	140
11.00	155	14.00	170	16.30	155
11.30	160				

a. Bereken de variatiebreedte.
b. Maak een tabel maken met vijf gelijke klassen.
c. Hoeveel waarnemingen voldoen aan de eis?
d. Is de productiemanager tevreden?

10. Nadat de machines bij Opsteker Lucifers bijgesteld zijn, wordt het onderzoek herhaald. De resultaten:

tijd	aantal	tijd	aantal	tijd	aantal
9.00	140	12.00	184	14.30	150
9.30	155	12.30	153	15.00	110
10.00	145	13.00	160	15.30	151
10.30	175	13.30	165	16.00	145
11.00	154	14.00	170	16.30	157
11.30	160				

Maak een tabel met vijf klassen met gelijke klassenbreedte.

b. Waarom kun je aan deze tabel niet zien hoeveel doosjes aan de eis voldoen?

c. Er is nog een reden waarom de manager niet tevreden is met deze tabel. Welke?

5.3   Ongelijke klassen

De tabel van Guido ziet er uiteindelijk zo uit:

Leeftijd werknemers Jong & Fris 2013	
16 - 25 jaar	9
26 - 35 jaar	15
36 - 45 jaar	6
46 - 55 jaar	3
56 - 65 jaar	1
	34

In de laatste klassen van de tabel zitten maar weinig waarnemingen. De werknemers van Jong & Fris zijn overwegend jong, de meerderheid van de waarnemingen is geconcentreerd in de eerste twee klassen. Guido wil dat de tabel meer informatie biedt over de leeftijdsopbouw van het werknemersbestand. Dat kan door de drukste klassen, de eerste twee klassen, te splitsen. De derde klasse blijft gelijk. De laatste twee klassen voegt hij samen. De tabel heeft nu zes klassen en ziet er zo uit:

Leeftijd werknemers Jong & Fris 2013	
16 - 20 jaar	2
21 - 25 jaar	7
26 - 30 jaar	7
31 - 35 jaar	8
36 - 45 jaar	6
46 - 65 jaar	4
	34

De waarnemingen zijn nu veel gelijkmatiger verdeeld over de klassen. Er zijn geen bijna lege of overvolle klassen meer. De tabel biedt veel meer informatie dan eerst, hoewel er maar één klasse bij is gekomen. Je kiest voor *ongelijke* klassen als je anders lege of bijna lege klassen krijgt. Er gaat maar weinig informatie verloren als je twee bijna lege klassen samenvoegt. Tegelijk maak je zo ruimte om overvolle klassen te splitsen.

Als je overvolle klassen krijgt, betekent dat eigenlijk dat je klassenindeling niet klopt. Het is mogelijk om de lezer met dezelfde gegevens meer informatie te geven. Als de waarnemingen gelijkmatig over de klassen verdeeld zijn, krijgt de lezer de maximale informatie die met de gegevens mogelijk is.

Voorbeeld

Harry Snel is eigenaar van taxibedrijf Snel bv. Hij wil het aantal aanrijdingen per taxichauffeur weten gedurende de vijf jaar dat het bedrijf bestaat. Er zijn 18 taxi's met hun eigen chauffeur: minder dan 25, dus vijf klassen. Het kleinste aantal aanrijdingen per taxi is nul, het grootste aantal is 25. De variatiebreedte is dus 25. Je presenteert deze tabel:

Taxibedrijf Harry Snel Aantal aanrijdingen per taxi 2008-2013	
0 - 4	9
5 - 9	5
10 - 14	2
15 - 19	1
20 - 25	1
	18

Snel is niet blij met deze tabel. Hij wil weten welke chauffeurs vrijwel schadevrij hebben gereden. Volgens hem is het verschil tussen 0 en 4 aanrijdingen te groot. Het interesseert hem maar matig of het aantal aanrijdingen van de chauffeurs Ton en John nu 13 was of 23. 'In ieder geval veel te veel', bromt hij. Je geeft hem een herziene tabel:

Aantal aanrijdingen per taxi 2008 - 2013	
0 - 2	4
3 - 5	6
6 - 8	4
9 - 11	2
12 - 25	2
	18

Opdrachten

11. Meneer Snel vindt een aantal tot en met vijf schades in vijf jaar nog acceptabel. Bij zes schades gaat hij bedenkelijk kijken en vanaf acht schades is hij ronduit ontevreden over de chauffeur.
    a. Over hoeveel procent van de chauffeurs is hij tevreden?
    b. Hoeveel procent wil hij direct ontslaan?
    c. Hoeveel chauffeurs hadden 3 of 4 schades? Gebruik beide tabellen om het antwoord te berekenen.
    d. Hoeveel chauffeurs hadden 5 schades? Gebruik beide tabellen om het antwoord te berekenen.
    e. Hoeveel chauffeurs hadden 9 schades? Gebruik beide tabellen om het antwoord te berekenen.

12. De resultaten van het tweede onderzoek bij Opsteker lucifers:

tijd	aantal	tijd	aantal	tijd	aantal
9.00	140	12.00	184	14.30	150
9.30	155	12.30	153	15.00	110
10.00	145	13.00	160	15.30	151
10.30	175	13.30	165	16.00	145
11.00	154	14.00	170	16.30	157
11.30	160				

a. De productiemanager was ontevreden met de tabel van opdracht 10.
Maak een nieuwe tabel met ongelijke klassen. Voeg de lege klasse samen
met de eerste klasse. Je houdt de waarnemingen van 140 tot 184 over.
Verdeel deze over vijf klassen, waarvan de eerste vier een breedte van 10
hebben. Turf opnieuw.
b. Welk percentage van de doosjes voldoet aan de eis?
c. Is de manager tevreden?

13. a. Hoe stel je de klassenbreedte vast bij continu variabele waarden?
b. En hoe bij discontinu variabele waarden?

14. Hieronder vind je de toetscijfers voor statistiek van 36 leerlingen.

3,2	7,4	8,8	9,5	1,5	0
5,4	6,5	9,2	6,5	5,5	4
5,5	6,2	8,5	3,1	7,6	5,3
4,4	5,5	6,5	4,8	8,2	10
2,9	7,3	9,5	5,1	6,5	8
4	6,6	6	5,7	5	4,7

a. Maak een tabel met vijf gelijke klassen.
b. De directeur wil weten hoeveel leerlingen in het randgebied tussen de 5
en de 6 zitten. Welke klasse moet je splitsen?
c. Welke klassen hebben weinig waarnemingen en kun je samenvoegen
zonder dat dit leidt tot het verdwijnen van waardevolle informatie?
d. Hoe ziet je uiteindelijke tabel eruit? Maak deze tabel.
e. Trek een conclusie over de resultaten van de leerlingen op grond van je
tabel.

5.4   Relatieve frequentie

Tot nu toe was de frequentie het aantal malen dat het kenmerk werd geteld.
Dat is de *absolute* frequentie: een aantal. De *relatieve frequentie* is de absolute
frequentie als percentage van het totaal aantal waarnemingen.

Voorbeeld

Bierfabrikant De Batavier wil weten hoe consumenten het nieuwe pils OpperBest waarderen. De resultaten van de ondervraging van 200 responden-ten vind je in de tabel.

Waardering OpperBest		
	aantal personen	%
erg lekker	35	17,5
lekker	45	22,5
neutraal	55	27,5
niet zo lekker	45	22,5
helemaal niet lekker	20	10,0
totaal	200	100,0

In de tweede kolom is de absolute frequentie berekend als percentage van het totaal: $35/200 \times 100 = 17,5\%$, enzovoort. De berekende percentages moeten samen 100% zijn.

Opdrachten

15. a. Maak een tabel met twee kolommen (absolute en relatieve frequentie) over het dagelijks bezoek aan sauna Smoor in juni. Het totaal aantal waarnemingen is 2000.

De relatieve frequenties			
maandag	6%	vrijdag	18%
dinsdag	7%	zaterdag	26%
woensdag	8%	zondag	25%
donderdag	10%		

b. Richt je tabel nu zo in dat er nog maar drie klassen zijn: het eerste deel van de week (ma-wo), het tweede deel van de week (do-vr) en het week-end (za-zo). De tabel heeft weer twee kolommen.

16. Bereken de relatieve frequentie bij je frequentietabel van het tweede onder-zoek bij Opsteker Lucifer (opdracht 12). Je antwoorden niet afronden.

5.5   Cumulatieve frequentie

De manager van Jong & Fris vraagt hoeveel werknemers jonger zijn dan 46 jaar. 'Momentje', zegt Guido, 'even cumuleren!' *Cumuleren* betekent opstapelen. De cumulatieve frequentie is de optelsom van de frequenties tot en met een bepaalde klasse. Opstapelen (optellen) kun je doen met absolute maar ook met relatieve frequenties. Guido maakt de volgende tabel.

Leeftijd werknemers Jong & Fris 2012			
leeftijd	absolute frequentie	cumulatieve frequentie	
21 - 25 jaar	7	7	
26 - 35 jaar	15	22	(7 + 15)
36 - 45 jaar	6	28	(22 + 6)
46 - 55 jaar	3	31	(28 + 3)
56 - 65 jaar	1	32	(31 + 1)
	32		

'Achtentwintig werknemers jonger dan 46 jaar', schrijft hij op het begeleidende memo.

In deze tabel is de absolute frequentie *van bovenaf* gecumuleerd: je begint bovenaan in de tabel, bij de eerste leeftijdsklasse, je werkt van boven naar beneden. Onderaan, bij de laatste klasse, ben je uitgecumuleerd. Bij de laatste klasse kom je uit op het totaal van de absolute frequenties. Daarom zet je onder de kolom met cumulatieve frequenties geen totaal.

De ondergrens van alle klassen is nu 21 jaar, dat is voor elke gecumuleerde frequentie de laagste leeftijd. In een cumulatieve frequentietabel is het de gewoonte om bij nul waarnemingen te beginnen. Je kunt dan meteen zien beneden welke waarde geen waarnemingen meer voorkwamen. Je voegt bovenaan een klasse 0 in, en geeft die de ondergrens van klasse 1 als bovengrens. Omdat de ondergrens in een cumulatieve frequentietabel steeds hetzelfde is als de bovengrens van de vorige klasse, kun je die net zo goed weglaten. Je past de voorkolom aan. Bij het stapelen van bovenaf werk je met het <-teken. De voorkolom wordt:

klasse 0: < 21	0
klasse 1: < 26	7
klasse 2: < 36	22
klasse 3: < 46	28
klasse 4: < 56	31
klasse 5: < 66	32

Doordat je van het – teken overschakelt op het <-teken, veranderen de klassen-grenzen. Als je van klasse 1 '< 25' maakt, dan horen de waarnemingen van 25 jaar daar niet bij, maar dat is wel de bedoeling. Klasse 1 bevat de leeftijden 21 tot en met 25, dus < 26. Guido verwerkt dit in de volgende tabel.

Leeftijd werknemers Jong & Fris, 2012			
leeftijd	absoluut	leeftijd	cumulatief absoluut
< 21	0		
21 - 25	7	< 26	7
26 - 35	15	< 36	22
36 - 45	6	< 46	28
46 - 55	3	< 56	31
56 - 65	1	< 66	32

Een cumulatieve frequentietabel is handig als je wilt weten hoeveel waar-nemingen beneden een bepaalde waarde zitten. Cumuleren bij relatieve frequenties doe je op precies dezelfde manier.

Voorbeeld

Leeftijden van kinderen in kinderdagverblijf Wigwam					
	frequenties			cumulatief	
leeftijd	absoluut	relatief	leeftijd	absoluut	relatief
			< 6 mnd	0	0
6mnd - 2 jaar	36	18%	< 3 jaar	36	18%
3 - 4 jaar	52	26%	< 5 jaar	88	44%
5 - 6 jaar	48	24%	< 7 jaar	136	68%
7 - 9 jaar	34	17%	< 10 jaar	170	85%
10 - 12 jaar	30	15%	< 13 jaar	200	100%
	200	100%			

Opdrachten

17. Bestudeer de tabel van kinderdagverblijf WigWam.
    a. Hoeveel kinderen zijn 5 of 6 jaar?
    b. Hoeveel procent van de kinderen heeft een leeftijd van 5 t/m 9 jaar?
    c. Hoeveel procent is jonger dan 10 jaar?
    d. Hoeveel procent is ouder dan 9 jaar?
    e. Hoeveel procent is ouder dan 4 jaar? Hoeveel kinderen zijn dat?

18. SnelNet bv neemt acht weken lang steekproeven van het aantal passagiers op streekbus 99, dienst 17. De resultaten vind je in de tabel.

SnelNet bv, onderzoek bezetting lijn 99, dienst 17							
6	5	11	4	5	1	14	9
14	0	15	3	3	11	3	4
19	23	2	13	29	6	11	7
8	2	6	21	16	10	8	5
1	7	12	9	7	13	12	12

   a. Maak een frequentietabel waaruit je af kunt lezen: absolute en relatieve frequentie, plus gecumuleerde absolute en relatieve frequentie.
   b. Lijn 99 rijdt met verlies als er minder dan 20 mensen meerijden. Hoe veel procent van de ritten is verliesgevend?

	A	B	C	D	E	F
1			**Streekbus 99**			
2			dienst 17			
3			frequentie		cumulatief	
4	van	t/m	absoluut	relatief	absoluut	relatief
5	0	4	10	25,0%	10	25,0%
6	5	9	13	32,5%	23	57,5%
7	10	14	10	25,0%	33	82,5%
8	15	19	4	10,0%	37	92,5%
9	20	24	2	5,0%	39	97,5%
10	25	29	1	2,5%	40	100,0%
11	totaal		40	100,0%		

Figuur 5.1

In een rekenblad kun je zo'n tabel veel sneller opbouwen.

- Start Excel en neem de kolommen A, B en C over. In de kolommen A en B hoef je alleen de eerste twee waarden in te vullen, daarna kun je de vulgreep gebruiken.
- Centreer waar nodig de koppen over de kolommen.
- Neem de absolute frequentie over in kolom C. Maak in C11 de formule voor het totaal.
- Voor de relatieve frequentie hoef je alleen de formule in D5 te maken: =C5/C$11. Gebruik daarna de vulgreep.
- Om te cumuleren begin je in E5 met een formule: =SOM(C$5:C5). Deze kun je uitvullen.
- In F5 maak je net zo'n formule die naar kolom D verwijst.
- Daarna is het een kwestie van opmaken.
- Sla het bestand op met een naam die je makkelijk kunt herkennen, je hebt het bij opdracht 20 weer nodig.

5.6 Histogram

histogram

Een *histogram* is een kolommendiagram dat je maakt met de gegevens van een frequentietabel. Langs de y-as van een histogram zet je de frequenties af. Dat kunnen absolute of relatieve frequenties zijn. Langs de x-as zet je de variabele af die gemeten is, de variabele in de voorkolom van de tabel.

Voorbeeld

Leeftijd werknemers Jong & Fris 2013	
16 - 25 jaar	9
26 - 35 jaar	15
36 - 45 jaar	6
46 - 55 jaar	3
56 - 65 jaar	1
	34

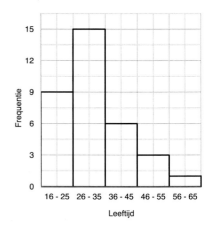

Figuur 5.2

Deel de assen in: neem 5 centimeter voor de x-as, één centimeter per klasse. Voor de indeling van de y-as: deel de hoogste frequentie (hoogste staaf) door 5, kijk of het mooi uitkomt: 3 werknemers per centimeter.

De kolommen in het histogram staan aan elkaar vast, want de klassen in de tabel sluiten op elkaar aan. De kolommen zijn even breed, als de klassen even breed zijn. Langs de y-as van een histogram mag je nooit een scheurlijn gebruiken. De onderlinge verhouding van de kolommen zou dan niet meer kloppen.

Bij ongelijke klassen is de verhouding tussen de breedte van de kolommen hetzelfde als de verhouding tussen de klassenbreedten. Gewoon de kolommen van bredere klassen breder maken dan? Eens proberen.

Voorbeeld

Hoe het *niet* moet

Leeftijd werknemers Jong & Fris 2013	
16 - 20 jaar	2
21 - 25 jaar	7
26 - 30 jaar	7
31 - 35 jaar	8
36 - 45 jaar	6
46 - 65 jaar	4
	34

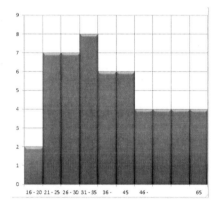

Figuur 5.3

Elk hokje staat voor één werknemer. Tot en met 35 jaar gaat het goed, tot daaraan toe zijn de klassen gelijk. Maar het lijkt nu net alsof er 12 werknemers zijn van 36 t/m 45 jaar oud, en 16 werknemers van 46 jaar en ouder. De verhouding tussen de verschillende oppervlakten klopt niet meer. De kolommen zijn als het ware uitgerekt in de breedte, zonder de verhouding in de hoogte aan te passen.

frequentiedichtheid   Daarom moet je bij ongelijke klassen een truc toepassen: je berekent voor elke klasse de *frequentiedichtheid*. Dat is de frequentie gedeeld door de klassenbreedte.

Hoe het *wel* moet

Leeftijd werknemers Jong & Fris 2013	frequentie	frequentie-dichtheid
16 - 20 jaar	2	0,4
21 - 25 jaar	7	1,4
26 - 30 jaar	7	1,4
31 - 35 jaar	8	1,6
36 - 45 jaar	6	0,6
46 - 65 jaar	4	0,2
	34	

In deze tabel staat de dichtheid voor het gemiddeld aantal werknemers per leeftijdsjaar. Op basis van deze frequentiedichtheid maak je een histogram. Daarin kun je wel de kolombreedten gelijk maken aan de klassenbreedten, want de verhouding tussen de oppervlaktes klopt nu. In het voorbeeld hieronder staat de oppervlakte van 1 hokje gelijk aan 1 werknemer.

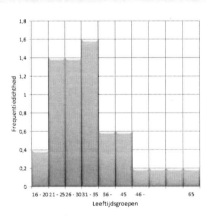

Figuur 5.4

Onthoud

Eisen aan het histogram:

- langs de y-as absolute of relatieve frequentie
- geen scheurlijn langs de y-as
- de kolommen staan aan elkaar vast
- de kolommen zijn even breed als de klassen even breed zijn
- bij ongelijke klassen uitgaan van frequentiedichtheid

Opdracht

19. a. Maak een histogram van onderstaande frequentietabel met Excel.

Reisbureau BeauMonde, boekingen naar bedrag, zomer 2014	
Bedrag in euro's	aantal boekingen
0 – < 500	890
500 – < 1000	1380
1000 – < 1500	2550
1500 – < 2000	1940
2000 – < 2500	1100
2500 – < 3000	670

- Neem de tabel over in Excel, de voorkolom in één kolom. Selecteer daarna de voorkolom en de kolom met frequenties.
- Kies het tabblad Invoegen.
- Ga naar de groep Grafieken en klik op het uitrolpijltje onder Kolom.
- Kies de eerste mogelijkheid bij 2D. Je krijgt dit resultaat.

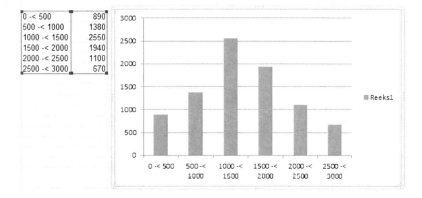

Figuur 5.5

- Er is geen legenda nodig. Klik op Reeks1 en druk op Delete.
- De kolommen moeten aan elkaar vast. Klik met de rechter muisknop ergens in een kolom. Kies Gegevensreeks opmaken. Zet de Breedte tussenruimten op 0%. Sluit het venster.
- Zet de cursor op de vier kleine puntjes midden onderaan en sleep het histogram wat hoger.
- Klik met de rechtermuisknop ergens in de bijschriften van de x-as, en kies Primaire rasterlijnen toevoegen. Sleep het histogram zo dat de ruimten tussen de rasterlijnen vrijwel vierkant zijn.
- Klik ergens in het diagram en ga naar het tabblad Ontwerpen. Klik bij Grafiekstijlen op het pijltje rechtsonder en kies een stijl die je mooi vindt.
- Ga dan naar het tabblad Indeling. Verzorg de grafiektitel en de astitels. Je histogram ziet er uiteindelijk ongeveer zo uit:

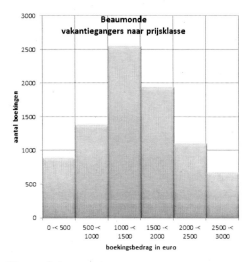

Figuur 5.6

b. Het volgende jaar maken ze bij Beaumonde weer zo'n tabel, ditmaal met ongelijke klassen. Neem onderstaande tabel over in Excel. In de grijs gekleurde cellen maak je formules.

	A	B	C	D	E	F	G
1			**BeauMonde**				
2		Uakantiegangers naar prijsklasse					
3	Boekingsbedrag		frequentie		cumulatief		
4	onder	boven	absoluut	relatief	absoluut	relatief	dichtheid
5	0	500	800	8,0%	800	8%	1,60
6	500	1000	2.300	23,0%	3.100	31%	4,60
7	1000	2000	2.500	25,0%	5.600	56%	2,50
8	2000	3000	2.400	24,0%	8.000	80%	2,40
9	3000	4000	1.500	15,0%	9.500	95%	1,50
10	4000	5000	500	5,0%	10.000	100%	0,50
11			10.000	100%			

Figuur 5.7

- Voordat je een histogram kunt maken, moet je 'in het klad' een nieuwe kolom maken met de frequentiedichtheden. Bepaal eerst de kleinste klasse. Een klasse die bijvoorbeeld tweemaal zo groot is, voer je ook twee keer in.
- Maak links van die kladkolom de voorkolom: 0 –< 500 enzovoort. Maar als een bepaalde frequentie twee kolommen beslaat, zet je in de ene cel 1000 –<, en daaronder 2000.
- Als je een diagram aanmaakt, kun je dit krijgen:

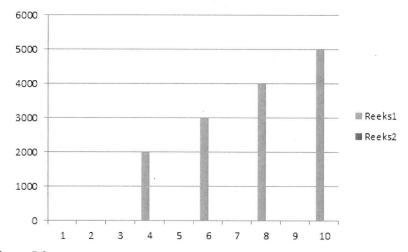

Figuur 5.8

Dat betekent dat Excel er niets van snapt.

- Haal eerst de legenda weg. Klik daarna met de rechtermuisknop in het diagram en kies Gegevens selecteren. Verwijder in het linkervenster Reeks 1.

- Klik in het rechtervenster op Bewerken, en selecteer je voorkolom. Klik op OK. De bijschriften moeten nu onder de x-as staan.
- Maak je histogram af.

20. Open het document dat je maakte bij opdracht 18. Maak een histogram van de frequentietabel voor Streekbus 99, dienst 17.

5.7 Frequentiepolygoon

frequentiepolygoon

Met een histogram geef je de lezer snel zicht op een frequentieverdeling. Dat kan ook met een lijndiagram. Als je dat maakt op grond van een frequentieverdeling, dan heet zo'n grafiek een *frequentiepolygoon*. Als je al een histogram hebt, is een polygoon snel gemaakt: je verbindt de middens van de kolommen met rechte lijnen. Je moet het midden van elke kolom nemen, want je hebt te maken met klassen.

Een histogram in Excel kun je met een paar klikken omtoveren in een polygoon: klik ergens in het diagram, ga naar het tabblad Invoegen en kies het eerste lijndiagram.

Voorbeeld

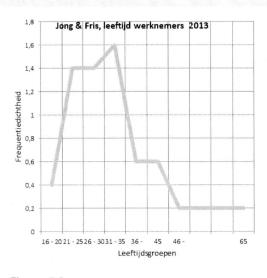

Figuur 5.9

Als je nog geen histogram hebt gemaakt, kun je in Excel een tabel maken met in de voorkolom de klassenmiddens en daarnaast de frequenties. Op basis daarvan maak je de frequentiepolygoon. Eerst een histogram maken gaat makkelijker, bovendien heb je dan de klassen al op de x-as staan.

Net als bij een histogram kun je een frequentiepolygoon ook maken op basis van relatieve frequenties. Je kunt ook een polygoon maken op basis van een cumulatieve frequentieverdeling.

Opdracht

21. a. Maak frequentiepolygonen van de histogrammen die je maakte bij opdracht 19 (reisbureau Beaumonde).
    b Maak een frequentiepolygoon van het histogram dat je maakte voor streekbus 99 (zie opdracht 18 en 20).

5.8   Samenvatting

Een massa waarnemingen kun je overzichtelijk maken door de waarnemingen in te delen in klassen. In een *klasse* zijn meerdere waarden samengevoegd. Het aantal waarnemingen per klasse is de *frequentie* in die klasse.

Met een frequentietabel laat je zien hoeveel waarnemingen er zijn per klasse: het is een frequentieverdeling. Het verschil tussen de hoogste en de laagste waarde van de waarnemingen is de *variatiebreedte*. Alle waarden moeten een plaats krijgen in een klasse. In een *frequentietabel* beschrijf je een massa aan de hand van klassen die op elkaar aansluiten. Er mogen geen waarnemingen buiten de boot vallen. Het optimale aantal klassen bij een beperkt aantal waarnemingen ligt tussen de vijf en de tien, het maximum is vijftien klassen.

De *klassenbreedte* bij *continu* variabele waarden is het verschil tussen de ondergrens en bovengrens van de klasse. Bij *discontinu* variabele waarden is de klassenbreedte het aantal verschillende waarden dat een klasse kan bevatten. Als de klassenbreedte verschilt, heeft de tabel ongelijke klassen. Als je vrijwel lege of juist te volle klassen krijgt, kan het nodig zijn om klassen te splitsen of juist samen te voegen. Je verhoogt dan de informatiewaarde van je tabel.

De *absolute frequentie* is het aantal keren dat het kenmerk zich voordoet in de massa waarnemingen. De *relatieve frequentie* is het aantal waarnemingen per klasse, uitgedrukt als een percentage van het totale aantal waarnemingen.

Cumuleren is het stapelen van absolute of relatieve frequenties. Bij cumuleren van bovenaf begin je bovenaan met cumuleren. Bij cumuleren van bovenaf gebruik je in de voorkolom het <-teken. Cumuleren is handig als je wilt zien beneden welke waarde de grote massa van waarnemingen geconcentreerd zit.

Een *histogram* is een kolommendiagram dat je maakt op basis van een frequentietabel. Op de y-as zet je de frequentie af. In een histogram mag je langs de y-as geen scheurlijn gebruiken. De kolommen sluiten op elkaar aan. Bij gelijke klassen zijn de kolommen even breed. Bij ongelijke klassen bereken je eerst de *frequentiedichtheid*: de frequentie gedeeld door de klassenbreedte. Bij het histogram gebruik je dan de frequentiedichtheid, in plaats van de frequentie. Dat is om de verhouding tussen de oppervlakten te laten kloppen met de verhouding tussen de frequenties.

Een frequentieverdeling kun je ook grafisch zichtbaar maken met een *frequentiepolygoon*. Dat is een lijndiagram waarbij je de punten in het midden van de bijbehorende klasse zet.

5.9 Begrippen

Continu variabele waarden	Waarden die doorlopen, met cijfers achter de komma. Er zit geen ruimte tussen.
Cumuleren	Bij elkaar optellen van absolute of relatieve frequenties tot en met een bepaalde klasse.
Discontinu variabele waarden (discrete waarden)	Waarden die stapsgewijs verspringen, met hele aantallen.
Frequentie	Het aantal keer dat een kenmerk voorkomt in de massa.
Absolute ~	Aantal keren dat een kenmerk voorkomt.
Cumulatieve ~	Optelsom van de frequenties tot en met een bepaalde klasse.
Relatieve ~	Absolute frequentie als percentage van het totaal aantal waarnemingen.
Frequentiedichtheid	Frequentie gedeeld door klassenbreedte.

Frequentietabel	Tabel op basis van een frequentieverdeling; laat zien hoeveel waarnemingen er zijn per klasse.
Frequentiepolygoon	Lijndiagram op basis van een frequentieverdeling.
Histogram	Kolommendiagram op basis van een frequentieverdeling.
Klasse	Groep waarden die zijn samengevoegd.
Klassenbreedte	
–	Bij continu variabele waarden: het verschil tussen boven- en ondergrens van de klasse.
–	Bij discontinu variabele waarden: het aantal waarden waaruit de klasse bestaat.
Variatiebreedte	Het verschil tussen de hoogste en de laagste waarde van de waarnemingen.

6 Centrummaten

6.1   Rekenkundig gemiddelde

Voor het vergelijken van massa's of populaties is het handig om de massa te typeren: wat is nou typerend voor die massa, wat is het belangrijkste kenmerk? Om jouw cijfers met die van een klasgenoot te vergelijken kun je het gemiddelde gebruiken. Het gemiddelde typeert de massa van jouw cijfers. Het is een voorbeeld van een *centrummaat*: een waarde die we gebruiken om een massa te typeren. Een ander woord voor centrummaat is middenwaarde.

centrummaat

rekenkundig
gemiddelde

Het rekenkundig *gemiddelde* krijg je door alle waarnemingsgetallen bij elkaar op te tellen, en dan te delen door het totaal aantal waarnemingen.

Voorbeeld

Manolo heeft voor het vak economie twee zessen gehaald, een vier, twee achten, een drie en een vijf. Om het rekenkundig gemiddelde uit te rekenen kan het handig zijn om met een frequentietabel te werken.

cijfer		frequentie		uitkomst
3	x	1	=	3
4	x	1	=	4
5	x	1	=	5
6	x	2	=	12
8	x	2	=	16
totaal		7		40

De optelsom is: $3 + 4 + 5 + 6 + 6 + 8 + 8 = 40$. Het rekenkundig gemiddelde is:

$$\frac{40}{7} = 5,7 \ .$$

Hier spreken we gewoon over 'gemiddelde', ook al heet het officieel rekenkundig gemiddelde. Je kunt het gemiddelde direct vanuit een frequentietabel bereke-nen. Vermenigvuldig elk cijfer met de bijbehorende frequentie. De uitkomsten tel je op, daarna deel je door het aantal waarnemingen (de totale frequentie).

Opdrachten

1. Pauline heeft voor het vak Nederlands deze cijfers gehaald: twee drieën, twee vieren, twee vijven, één acht, drie negens en een twee.
    a. Maak een frequentietabel van de resultaten van Pauline.
    b. Bereken het gemiddelde.

2. Om het gemiddelde uit te rekenen van de waardering van het nieuwe pils OpperBest moet je de waarderingen in cijfers vertalen.

Waardering OpperBest			
	rapportcijfer	aantal personen	%
erg lekker	8	35	17,5
lekker	7	45	22,5
neutraal	6	55	27,5
niet zo lekker	5	45	22,5
helemaal niet lekker	4	20	10,0
totaal		200	100,0

Bereken het gemiddelde.

De berekening van een gemiddeld toetscijfer is vrij simpel, omdat elke klasse maar één waarde bevat. Veel frequentietabellen hebben klassen met meerdere waarden.

Overwerk productiepersoneel BV Overload	
uren per week	frequentie
1 - 5	3
6 - 10	5
11 - 15	10
16 - 20	6
21 - 25	2

Hier moet je eerst de klassenmiddens vaststellen: de middelste waarde van de waarden in die klasse. In de statistiek geldt die middelste waarde als representatief voor de waarden in die klasse. Je doet net of in de bovenste klasse drie keer 3 uur is overgewerkt. Dat hoeft niet precies zo te zijn, maar de meeste gemiddelden van waarnemingen in een klasse liggen toch wel dicht bij het klassenmidden. Het klassenmidden van de eerste klasse is

$$\frac{1+5}{2} = 3$$

uren per week	frequentie		klassenmidden		
1 - 5	3	x	3	=	9
6 - 10	5	x	8	=	40
11 - 15	10	x	13	=	130
16 - 20	6	x	18	=	108
21 - 25	2	x	23	=	46
totaal	26				333

Nadat je de frequenties hebt vermenigvuldigd met de klassenmiddens, tel je de antwoorden op. De optelsom deel je weer door het aantal waarnemingen, in dit geval 26. Het gemiddelde is:

$$\frac{333}{26} = 12,8 \text{ uur overwerk per week.}$$

Als je een klasse hebt van bijvoorbeeld 1-4 uren, dan is het klassenmidden 2,5. Als je een gemiddelde moet afronden, rond je meestal af op één cijfer achter de komma.

Onthoud

Rekenkundig gemiddelde

$$\frac{\text{som waarden van alle waarnemingen}}{\text{totaal aantal waarnemingen}}$$

Op basis van een frequentietabel:
- stel de klassenmiddens vast;
- klassenmidden × absolute frequentie;
- antwoorden optellen;
- optelsom delen door totaal aantal waarnemingen.

Opdrachten

3. Bereken de gemiddelde leeftijd bij Jong & Fris. Gebruik onderstaande tabel.

Leeftijd werknemers Jong & Fris 2012	
21-25 jaar	7
26-35 jaar	15
36-45 jaar	6
46-65 jaar	4
totaal	32

4. a. Bereken de gemiddelde leeftijd van de kinderen in kinderdagverblijf Wigwam. Zes maanden zie je als 0,5 jaar.

Leeftijden van kinderen in kinderdagverblijf Wigwam	
6mnd-2 jaar	36
3-4 jaar	52
5-6 jaar	48
7-9 jaar	34
10-12 jaar	30
	200

b. Bereken het gemiddeld aantal personen dat meerijdt met dienst 17 van lijn 99.

Passagiers lijn 99	
aantal personen	aantal ritten
0-4	10
5-9	13
10-14	10
15-19	4
20-24	3
25-29	1

5. Bereken de gemiddelde ordergrootte van TrendSetter in het tweede kwartaal. Orders beneden de € 100,- worden niet uitgevoerd.

order in euro's	aantal orders
100 —< 250	150
250 —< 500	400
500 —< 750	550
750 —< 1000	60
1000 —< 2000	10

Aan het –<-teken zie je dat het om continu variabele waarden gaat. In de eerste klasse vallen alle orders tot en met € 249,99. Bij de berekening van het klassenmidden mag je voor het gemak afronden naar € 250,- , ook al valt die ordergrootte eigenlijk in de tweede klasse.

6. Bereken het bedrag dat de respondenten gemiddeld aan een MoneyTalk display zouden willen besteden.

Steekproef koopbereidheid product MoneyTalk	
gewenst bedrag	aantal respondenten
€ 10,- –< € 25,-	258
€ 25,- –< € 50,-	344
€ 50,- –< € 75,-	177
€ 75,- –< € 125,-	123

6.2   Gewogen gemiddelde

gewogen gemidelde

Er zijn ook gevallen waarin je een *gewogen* rekenkundig gemiddelde nodig hebt. Dat doe je als de ene soort waarneming belangrijker is dan de ander. Stel, je hebt een reeks cijfers waarvan sommige toetscijfers zijn en andere tentamencijfers. De tentamencijfers tellen twee keer zo zwaar mee als de toetscijfers. Bij de optelsom (boven de streep) moet je dan elk tentamencijfer twee maal meetellen, en elk toetscijfer een maal. Bij het aantal waarnemingen (onder de streep) telt een tentamencijfer dan voor 2 keer.

Voorbeeld

De toetscijfers van Carice:

$$4 \qquad 5 \qquad 6 \qquad 6 \qquad 4 \qquad 5$$

en haar tentamencijfers:

$$7 \qquad 8 \qquad 9$$

De tentamencijfers tellen twee maal zo zwaar als de toetscijfers. Het gewogen gemiddelde:

$$\frac{(7+8+9)\times 2+4+5+6+6+4+5}{12} = \frac{78}{12} = 6,5$$

wegingsfactor

De tentamencijfers zijn elk tweemaal meegeteld. Met andere woorden, ze hebben de *wegingsfactor* 2 gekregen. Carice had in totaal negen cijfers. Maar doordat elk tentamencijfer twee keer meetelt, moet je ze ook onder de streep twee keer meetellen. Zodra je bij het berekenen van een rekenkundig gemiddelde een wegingsfactor gebruikt, ben je bezig met een gewogen gemiddelde.

In de praktijk gebruikt men soms het begrip 'gewogen gemiddelde' om een ongewogen gemiddelde aan te duiden. Bijvoorbeeld de gemiddelden die je berekende bij opdrachten 5 en 6 duidt men dan aan als 'gewogen', omdat je de eenheden gewogen zou hebben naar prijs. Dat is eigenlijk niet juist, want je liet alle eenheden met hun eigen prijs even zwaar wegen.

Opdrachten

7. a. Bereken het ongewogen rekenkundig gemiddelde van de resultaten van Carice.

    b. Verklaar het verschil met het gewogen gemiddelde.

8. Bennies cijfers over het afgelopen semester:

schriftelijke overhoringen	7	5	9	7	6
repetities	8	4	8		
tentamens	9	6			

    De overhoringen tellen eenmaal mee, de repetities tweemaal en de tentamens driemaal. Bereken Bennies gewogen gemiddelde.

6.3   Mediaan

Het gemiddelde hoeft als middenwaarde de massa niet altijd even goed te typeren. Het kan zijn dat het gemiddelde helemaal niet in de buurt van het 'centrum' van de frequentieverdeling ligt. Neem een visser die dit jaar tien snoeken heeft gevangen. Hij heeft ze allemaal gewogen. Dit zijn de gewichten:

3 kg	4 kg	5 kg	3 kg	4 kg
4 kg	5 kg	2 kg	6 kg	55 kg

Hoe zwaar was een typische snoek? Het gemiddelde is 9,1 kg. Die waarde komt helemaal niet voor in de massa. De waarde typeert de massa niet, want de meeste waarnemingen liggen er een stuk onder. De waarnemingen liggen bijna allemaal ver uit de buurt van deze 'centrummaat'. Dat komt door die ene hoge waarneming van 55 kg. Bij de vaststelling van het gemiddelde telt die 55 kg eigenlijk te zwaar mee. Zo'n waarde noemt men ook wel een *uitbijter*.

uitbijter

Uitbijters kunnen te veel invloed hebben op het gemiddelde. Je kunt het gemiddelde dan niet goed gebruiken om de massa te typeren. Een andere veel-gebruikte centrummaat is de mediaan.

Gewicht snoeken	
gewicht in kg	aantal
2	1
3	2
4	3
5	2
6	1
55	1
	10

mediaan

De *mediaan* ligt precies op de helft van de frequentieverdeling. Als je een reeks getallen hebt, zet dan alle waarnemingen in volgorde van grootte. Bij een oneven aantal is de mediaan het middelste getal. Bij een even aantal getallen heb je twee middelste getallen. Dan neem je het gemiddelde van die middelste twee getallen.

Wat is de mediaan bij de snoeken van de visser? Er zijn tien waarnemingen, dus de mediaan is het gemiddelde van waarnemingen 5 en 6. Die wogen alle-bei 4 kilo, dus de mediaan is 4 kilo. De mediaan typeert deze frequentieverde-ling beter dan het gemiddelde.

Om snel de mediaan in een frequentietabel te vinden helpt het om te cumule-ren.

Reisbureau BeauMonde, boekingen naar bedrag, zomer 2014		
Bedrag in euro's	aantal boekingen	cumulatief
0 –< 500	890	890
500 –< 1000	1380	2270
1000 –< 1500	2550	4820
1500 –< 2000	1940	6760
2000 –< 2500	1100	7860
2500 –< 3000	670	8530

8530 : 2 = 4265, dus de mediaan ligt tussen waarnemingen nummer 4265 en 4266. Die vallen in de derde klasse. Als mediaan neem je het klassenmidden: € 1.250,-.

Opdrachten

9. Bepaal de mediaan voor de leeftijden bij Jong & Fris.

Leeftijd werknemers Jong & Fris 2013	
16 - 20 jaar	2
21 - 25 jaar	7
26 - 30 jaar	7
31 - 35 jaar	8
36 - 45 jaar	6
46 - 65 jaar	4
	34

10. Bepaal de mediaan voor het aantal personen per rit in lijn 99.

Passagiers lijn 99	
aantal personen	aantal ritten
0 - 4	10
5 - 9	13
10 - 14	10
15 - 19	4
20 - 24	3
25 - 29	1

6.4 Modus

modus

De *modus* is de waarde die het meest voorkomt in de massa. Bij de eerder genoemde snoeken van de visser kwam het gewicht van 4 kilo het meeste voor: de modus is 4 kilo. De modale, typische snoek gevangen door die visser woog 4 kilo. Net als de mediaan helpt de modus dus om de invloed van uitbijters tegen te gaan.

De modus heeft als bijkomend voordeel dat je hem ook kunt vaststellen bij verdelingen die niet uit cijfers bestaan, die je niet kunt ordenen. Neem bijvoorbeeld een vraag naar woonplaatsen (een nominale schaal). Woonplaatsen kun je niet in een rekenkundige volgorde zetten, dus je kunt ook geen mediaan bepalen. Je kunt wel de modus bepalen: in welke woonplaats de meeste respondenten wonen. Een verdeling kan ook meer dan één modus hebben, als bijvoorbeeld ongeveer evenveel respondenten in verschillende plaatsen wonen. De modus kun je dus bij alle meetniveaus toepassen: nominaal, ordinaal, interval en ratio. Het gemiddelde kun je alleen gebruiken bij interval- en ratioschalen, en de mediaan alleen bij ordinale, interval- en ratioschalen.

modale klasse

In een frequentietabel met gelijke klassen is de modus de middelste waarde in de klasse met de meeste waarnemingen (de modale klasse). In het histogram is de modus het midden van de klasse met de hoogste kolom.

Voorbeeld

Overwerk productiepersoneel BV Overload

Overwerk productiepersoneel BV Overload	
uren per week	frequentie
1 - 5	3
6 - 10	5
11 - 15	10
16 - 20	6
21 - 25	2

In deze tabel is de klasse 11-15 de modale klasse. De modus is de middelste waarde, dus de typische werknemer bij dit bedrijf werkt 13 uur per week over.

Opdrachten   11.

Leeftijd werknemers Jong & Fris 2012	
21 - 25 jaar	7
26 - 35 jaar	15
36 - 45 jaar	6
46 - 55 jaar	3
56 - 65 jaar	1

a. Wat is de modale leeftijd van deze werknemers?
b. Stel de mediaan vast.
c. Bereken de gemiddelde leeftijd van deze werknemers.
d. Welke middenwaarde typeert deze massa het best? Leg uit waarom.

12.

Waardering OpperBest	
rapportcijfer	aantal personen
8	35
7	45
6	55
5	45
4	20
	200

a. Wat is de modale waardering van Opperbest?
b. Vergelijk de modus met het gemiddelde (zie opdracht 2). Welke midden-waarde typeert deze massa het best? Leg uit waarom.
c. Bereken het modale aantal passagiers op dienst 17 van streekbus 99.

Passagiers lijn 99	
aantal personen	aantal ritten
0 - 4	10
5 - 9	13
10 - 14	10
15 - 19	4
20 - 24	3
25 - 29	1

In een frequentietabel met ongelijke klassen kun je de modus niet direct aflezen. Er is een tussenstap nodig.

Omvang schadeclaims week 13, verzekeraar BadLuck			
claim in euro's	aantal	klassenbreedte	frequentiedichtheid
100 - < 250	45	150	0,30
250 - < 400	70	150	0,47
400 - < 600	75	200	0,38
600 - < 1000	90	400	0,23
1000 - < 1500	40	500	0,08

De bovenste twee klassen zijn het smalst. Op het eerste gezicht zou je denken dat de modus € 800,- is, het klassenmidden van de vierde klasse. Die heeft de hoogste frequentie. Dat is appels met peren vergelijken. De vierde klasse is twee keer zo breed als de derde, de kans is groot dat er meer waarnemingen in zitten.

In een frequentietabel met ongelijke klassen bereken je eerst de frequentie-dichtheid: de frequentie gedeeld door de klassenbreedte. In de eerste klasse krijg je $45 : 150 = 0,3$. Een dichtheid van $\frac{3}{10}$ claim per euro van de klassen-breedte. In de derde klasse krijg je $75 : 200 = 0,38$. Dat is een dichtheid van $\frac{38}{100}$ claim per euro klassenbreedte.

Op basis van frequentiedichtheid kun je de klassen vergelijken. De modale omvang van een claim bij BadLuck in week 13 was € 325,-: het klassenmidden van de tweede klasse. Die klasse heeft de hoogste frequentiedichtheid: 0,47 claims per euro van de klassenbreedte.

Onthoud	Modus: de waarde die het meeste voorkomt.

- In frequentietabel met gelijke klassen:
  het klassenmidden van de klasse met de hoogste frequentie.

- In frequentietabel met ongelijke klassen:
  het klassenmidden van de klasse met de hoogste frequentiedichtheid.

Opdrachten

13. Neem de tabel van het laatste voorbeeld (schadeclaims BadLuck) en bepaal de mediaan.

14. Hieronder vind je de ordergrootte van het tweede kwartaal van TrendSetter.

order in euro's	aantal orders
100 —< 250	150
250 —< 500	400
500 —< 750	550
750 —< 1000	60
1000 —< 2000	10

a. Bereken de modale ordergrootte.
b. Stel ook de mediaan vast.
c. Vergelijk de uitkomsten met het gemiddelde dat je berekende bij opdracht 5.

15. Hieronder vind je een overzicht van een steekproef naar de koopbereidheid voor het product MoneyTalk.

gewenst bedrag	aantal respondenten
€ 10,– —< € 25,–	258
€ 25,– —< € 50,–	344
€ 50,– —< € 75,–	177
€ 75,– —< € 125,–	123

a. Bereken het modale bedrag dat de ondervraagden voor een MoneyTalk display over hebben.
b. Vergelijk de modus met het gemiddelde bedrag dat je berekende bij opdracht 6. Verklaar het verschil.

6.5   Samenvatting

Centrummaten of *middenwaarden* gebruik je om een massa te typeren. Het *rekenkundig gemiddelde* is een middenwaarde: de som van alle waarnemingen gedeeld door hun aantal. In een frequentietabel bereken je het gemiddelde door van elke klasse de frequentie met het klassenmidden te vermenigvuldigen. Het totaal van de uitkomsten deel je door het totaal van de waarnemingen. Het klassenmidden vind je door ondergrens en bovengrens op te tellen en te delen door 2. Het kan nodig zijn dat sommige waarden zwaarder wegen dan anderen. Die ken je dan een *wegingsfactor* toe. Je berekent in zo'n geval een *gewogen* gemiddelde.

De *mediaan* is de middelste waarneming van een reeks die je eerst in volgorde hebt gezet. Je kunt de mediaan alleen bepalen voor verdelingen die een zinvolle onderlinge volgorde hebben. In een frequentietabel neem je het midden van de klasse waarin de mediaan valt.

De *modus* is de waarde die het meeste voorkomt in de massa. In een frequentietabel met gelijke klassen is de modus het klassenmidden van de klasse met de hoogste frequentie. In een frequentietabel met ongelijke klassen bereken je eerst de frequentiedichtheid: de frequentie gedeeld door de bijbehorende klassenbreedte. De modus is het klassenmidden van de klasse met de hoogste frequentiedichtheid.

6.6 Begrippen

Centrummaat	Middenwaarde die we gebruiken om een massa te typeren.
Gewogen rekenkundig gemiddelde	Variant van het rekenkundig gemiddelde waarbij je voor een deel van de waarnemingen een wegingsfactor toepast om ze zwaarder mee te laten tellen dan andere.
Mediaan	Centrummaat. De middelste waarneming van een reeks die je eerst in volgorde hebt gezet.
Modus	Centrummaat. De waarde die het meest voorkomt in een massa.
Rekenkundig gemiddelde	Centrummaat. De optelsom van alle waarnemingen gedeeld door het aantal waarnemingen.

7 Steekproefberekening

7.1   De steekproef

populatie

Je wilt iets weten over een bepaalde doelgroep en de informatie is niet beschikbaar in de vorm van secundaire gegevens. Je moet de gegevens dus zelf gaan verzamelen met veldonderzoek. De elementen waaruit een groep bestaat vormen samen een *populatie*. Een populatie kan uit mensen bestaan, bijvoorbeeld alle Nederlanders, alle autorijders in Nederland of alle tweeverdieners. Bij marktonderzoek bestaat de populatie vaak uit je doelgroep. Een populatie kan ook bestaan uit dingen die je wilt onderzoeken, bijvoorbeeld alle verkooptransacties van frisdrank in het afgelopen jaar.

steekproef

bevolkings-
onderzoek

Bij veldonderzoek kun je de volledige populatie onderzoeken, of een *steekproef* daarvan. Dat is een klein deel van de populatie dat zó is gekozen dat het lijkt op de populatie als geheel. Volledig onderzoek is *bevolkings*onderzoek. Dat komt bijna niet meer voor. Vroeger organiseerde de regering elke tien jaar een volkstelling ofwel census. Dat was een grote enquête die elk Nederlands huishouden in moest vullen. Dat was volledig onderzoek, maar zelfs de regering is erachter gekomen dat ze die informatie ook met steekproeven kan verzamelen. Bevolkingsonderzoek is peperduur.

Volledig onderzoek vind je nog wel van gegevens die al zijn opgeslagen in een database: computers zijn krachtig genoeg om dat goedkoop uit te kunnen voeren. Ook bij een heel kleine populatie kun je volledig onderzoek doen. Dat doe je bijvoorbeeld als je bij distributieonderzoek te maken hebt met een populatie van twaalf distributiecentra. Dus op de zakelijke markt kom je wel volledig onderzoek tegen. Zeker bij consumentenonderzoek kom je al snel uit bij steekproefonderzoek.

representatief

Een steekproef moet *representatief* zijn: de samenstelling van de steekproef moet zo veel mogelijk lijken op de samenstelling van de hele populatie. De steekproef is dan een afspiegeling van de populatie in het klein. Dat kun je bereiken door je steekproef aan drie voorwaarden te laten voldoen.

- aselect

De steekproef moet *aselect* getrokken zijn. Dat wil zeggen dat elk element van de populatie evenveel kans moet hebben om in de steekproef terecht te komen. Je mag dus niet voortrekken. Als je bijvoorbeeld alleen mensen uit je eigen sociale omgeving selecteert, is de steekproef niet aselect, want je hebt een selectie gemaakt. De verschillende manieren om aselect een steekproef te trekken kom je in het volgende hoofdstuk tegen.

- populatie homogeen

De populatie waaruit je de steekproef trekt moet op een bepaald kenmerk, dat voor het onderzoek belangrijk is, *homogeen* zijn. Dat wil zeggen dat de individuen in die populatie op dat kenmerk vergelijkbaar zijn. Als je een mening wilt weten van Nederlanders, moet je de populatie Nederlanders nemen en niet Europeanen. Die populatie is niet homogeen op het kenmerk nationaliteit. Als je iets over jongeren wilt weten, moet je een bepaalde leeftijdsgroep nemen als populatie, want de populatie 'Nederlanders' is niet homogeen op het kenmerk leeftijd.

- groot genoeg

De steekproef moet voldoende *groot* zijn. Als je iets wilt weten over koopgedrag en je kiest via het toeval twintig consumenten uit om te ondervragen, dan is je steekproef wel aselect maar niet groot genoeg om een afspiegeling van de hele populatie te kunnen zijn. De kans bestaat dan dat bijvoorbeeld vier van de ondervraagden toevallig miljonair zijn, terwijl die in de populatie als geheel maar een klein percentage vormen.

Hoe groot moet een steekproef dan eigenlijk zijn? In elk geval zo groot dat elke eigenschap waarnaar je op zoek bent, ongeveer net zo veel procent *kans* heeft om in de steekproef te zitten als het percentage dat deze eigenschap in de hele populatie voorkomt.

Voorbeeld

Je gooit een dobbelsteen. Hoeveel kans heb je op het getal 3? Bij een goede, regelmatig gevormde dobbelsteen is die kans 1 op de 6. Je gooit dus zes keer die dobbelsteen en je verwacht dat je één keer het getal 3 krijgt. Dat gaat meestal niet goed, het kan gebeuren dat je bijvoorbeeld drie keer achter elkaar hetzelfde getal gooit. Ook al is de kans daarop niet zo groot, het komt toch voor. Je kunt ook twee keer 3 gooien, of helemaal geen 3. Conclusie: de steekproef van zes keer gooien is te klein. Daardoor is de kans dat het getal 3 net zo vaak voorkomt als in werkelijkheid, $16\frac{2}{3}$%, veel te klein.

Als je die dobbelsteen 120 keer gooit, heb je nog steeds aardig wat kans op afwijkingen. Je gooit bijvoorbeeld twintig keer 3 (precies $16\frac{2}{3}$%), maar negentien keer 1 en zevenentwintig keer 6. Hoe vaker je gooit, hoe meer zulke toevalligheden elkaar uit gaan vlakken. Als je 900 keer gooit, is de kans heel groot dat je alle zes getallen ongeveer 150 keer gegooid hebt, dus ongeveer een zesde van de keren.

Hoe groot een steekproef precies moet zijn, hangt af van:
- de *nauwkeurigheid* die je wilt bereiken;
- de *betrouwbaarheid* van de uitkomsten van het steekproefonderzoek.

Hoe precies wil je een bepaald percentage weten? Wil je weten dat je $16\frac{2}{3}$% kans hebt om een 3 te gooien of is het genoeg om te weten dat die kans tussen de 14% en de 19% ligt? Hoe nauwkeuriger je dat wilt weten, hoe vaker je moet gooien (ofwel hoe groter je steekproef moet zijn).

Stel dat je wilt weten hoeveel procent van de mannen zich nat scheert. Hoe groot je steekproef moet zijn, hangt af van de *nauwkeurigheidsmarge* waar je genoegen mee neemt. Een marge van 5% en een uitkomst van 35% natscheerders betekent dan dat tussen de 30% en 40% van de mannen zich nat scheert (een marge van 5% naar beneden en 5% naar boven). De *nauwkeurigheid* van steekproefonderzoek geeft aan binnen welke grenzen de uitkomst meestal zal liggen. Als je het preciezer wilt weten, moet je een grotere steekproef nemen. 100% nauwkeurigheid (een nauwkeurigheidsmarge van 0%) heb je alleen bij volledig onderzoek, maar met steekproefonderzoek kun je dicht in de buurt komen.

nauwkeurigheid

De ene steekproef is niet precies gelijk aan de andere: de ene steekproef wijkt qua samenstelling bijna altijd een tikje af van de volgende die je trekt. Maar hoe groter je steekproef is, hoe groter de kans dat je bij herhaling dezelfde resultaten krijgt als de vorige keer. De *betrouwbaarheid* van steekproefonderzoek is de mate waarin je bij herhaling van de meting dezelfde resultaten krijgt.

betrouwbaarheid

Het is zeker dat tussen de 0% en 100% van alle mannen zich nat scheert. Deze uitkomst is 100% betrouwbaar, bij herhaling krijg je altijd dezelfde uitkomst. Maar de nauwkeurigheid is nul komma nul: aan deze uitkomst heb je helemaal niks. Andersom heb je ook weinig aan een heel nauwkeurige uitkomst als de betrouwbaarheid laag is. Betrouwbaarheid en nauwkeurigheid werken elkaar als het ware tegen. Gelukkig nemen ze wel allebei toe naarmate je steekproef groter is.

Maar hoe groot moet die steekproef nou zijn? Dat hangt er dus van af hoe nauwkeurig en betrouwbaar de uitkomst moet zijn. Er bestaan tabellen voor. Hieronder zie je bij benadering de minimale steekproefomvang voor grote populaties (50.000 en groter).

betrouwbaarheid	nauwkeurigheidsmarge	
	5%	3%
95%	400	1100
99%	660	1800

Het mooie van het verschijnsel 'kans' is dat, naarmate de populatie veel groter is, de steekproef amper nog groter hoeft te worden. Voor een bevolking van 1 miljoen heb je bijvoorbeeld een steekproef van 1840 personen nodig bij een nauwkeurigheidsmarge van 3% en een betrouwbaarheid van 99%. Bij een populatie van 10 miljoen stijgt de minimumomvang van je steekproef naar 1843. Met een steekproefomvang van 1900 personen kun je dus marktonderzoek doen in Nederland of in China, de resultaten zijn dan even nauwkeurig en betrouwbaar.

Andersom geldt dat bij een kleine populatie de minimale steekproefomvang wel kleiner is, maar dat die in verhouding tot de populatie groter is. Uit een populatie van 50 personen kun je geen steekproef trekken: je moet ze alle 50 ondervragen. Bij een populatie van 500 heb je met een steekproef van 222 elementen 95% kans (betrouwbaarheid) dat het resultaat binnen een nauwkeurigheidsmarge van 5% de werkelijkheid benadert.

Zo'n tabel scheelt weer een stuk statistiek en rekenwerk. Maar stel je voor dat je de resultaten van een marktonderzoek moet verdedigen in een vergadering. En dat de boekhouder roept dat hij er niets van gelooft; hij kent helemaal niemand die zich nog nat scheert en 660 personen is toch veel te weinig op de hele Nederlandse bevolking? En daar wil je dan een investeringsbeslissing van

€ 10 miljoen voor een nieuwe scheerzeep op baseren? Kom nou toch, zo kent hij er nog wel een paar!

Als je dan weinig kennis hebt van de statistische onderbouwing van je steekproef, sta je met je mond vol tanden. Daarom leer je in de volgende paragrafen het 'waarom' van de minimale steekproefgrootte. Die statistische kennis heb je ook nodig om te kunnen controleren of een steekproefonderzoek zorgvuldig is uitgevoerd.

Onthoud	Een *representatieve* steekproef is: ■ aselect; ■ voldoende groot; ■ getrokken uit een homogene populatie. De minimale steekproefomvang hangt af van de gewenste: ■ nauwkeurigheid ■ betrouwbaarheid.

Opdrachten

1. a. Wat is een populatie?
    b. Noteer twee verschillen tussen volledig onderzoek en steekproefonderzoek.

2. a. Wat betekent het woord *representatief* bij steekproeven?
    b. Aan welke eisen moet een representatieve steekproef voldoen?

3. a. Wat wordt bedoeld met de nauwkeurigheid van een uitkomst van steekproefonderzoek?
    b. En wat betekent de betrouwbaarheid van een resultaat van steekproefonderzoek?

4. a. Wat is het verband tussen nauwkeurigheid en betrouwbaarheid?
    b. Op welke manier kun je tegelijk veel nauwkeurigheid en betrouwbaarheid bereiken?

5. a. Leg uit waarom de kans dat je precies een zesde van de worpen een vijf gooit steeds groter wordt naarmate je een dobbelsteen vaker gooit.
    b. Wat is het verband tussen dit verschijnsel en steekproefonderzoek?

6. Wat kun je zeggen over de relatie tussen de omvang van de populatie en de minimale omvang van een representatieve steekproef?

7.2   Standaardafwijking

Bij kwantitatief onderzoek naar bepaalde kenmerken van een populatie kun je op zoek zijn naar:
- een percentage van de doelgroep dat een eigenschap vertoont, bijvoorbeeld 20% van de tweeverdieners koopt frisdrank van merk B;
- een *verdeling* van een bepaalde hoeveelheid over de bevolking.

Een voorbeeld van zo'n verdeling is het antwoord op de vraag hoeveel frisdrank de gebruikers drinken. Dan krijg je een groep consumenten met een verbruik van 1 glas per week, van 2 glazen, enzovoort. Je krijgt dan een frequentieverdeling.

Frequentieverdelingen kunnen scheef zijn of symmetrisch. Een voorbeeld van een scheve verdeling is de inkomensverdeling: er zijn veel meer mensen met lagere inkomens dan met topinkomens. Een verdeling is *symmetrisch* als de waarden gelijk verdeeld zijn aan beide kanten van het centrum. In dat geval ligt het gemiddelde precies in het midden, dus op de top van het diagram.

Om een frequentieverdeling te karakteriseren maak je gebruik van centrummaten en spreidingsmaten. In het vorige hoofdstuk werkte je met centrummaten, de meest bekende is het rekenkundig gemiddelde. Een centrummaat geeft aan rond welke waarde de gevonden waarden zijn gegroepeerd.
Centrummaten gebruik je om een reeks waarden te typeren: die leerling heeft goede en slechte resultaten gehaald, maar *gemiddeld* scoorde hij voldoende.

Ook met de *mediaan* (die ligt precies op de helft van de verdeling) en de *modus* (de waarde die het meeste voorkomt) kun je een reeks waarden typeren. Als de verdeling precies symmetrisch is, is het gemiddelde gelijk aan de mediaan en aan de modus: ze liggen dan alledrie op het topje van de grafiek. Bij scheve verdelingen wijken deze centrummaten van elkaar af. Bij steekproefberekeningen maak je vooral gebruik van het rekenkundig gemiddelde: de som van alle waargenomen waarden, gedeeld door het totaal aantal waarnemingen.

centrummaat

spreiding

Met een centrummaat geef je aan rond welke waarde de verdeling ongeveer is gegroepeerd. Om de verdeling goed te typeren moet je ook weten hoe het zit met de *spreiding*. Een *spreidingsmaat* geeft aan in welke mate de afzonderlijke waarden afwijken van het centrum, bijvoorbeeld van het gemiddelde. Stel dat jij altijd een 7 haalt voor marketing en een klasgenoot haalt soms een 5, soms een 7 en soms een 9. Jullie staan allebei gemiddeld een 7, maar de spreiding van de resultaten van je klasgenoot zijn groter.

Er zijn verschillende *spreidingsmaten* om de mate van spreiding in een frequentieverdeling te laten zien. Een voorbeeld is de variatiebreedte, het verschil tussen de grootste en de laagste waarneming. Bij steekproefberekeningen is de *standaardafwijking* de belangrijkste spreidingsmaat. Een andere naam daarvoor is *standaarddeviatie*. Die geeft de mate van spreiding aan rond het rekenkundig gemiddelde.

standaardafwijking

Voorbeeld

Neem als voorbeeld een klein getallenrijtje en bereken de standaardafwijking.

| 2 | 5 | 6 | 8 | 14 |

Stap 1   Het rekenkundig gemiddelde (RG) is 35 : 5 = 7

Bij stap 2 zie je dat de afwijkingen van het gemiddelde samen altijd op nul uitkomen. Daarom gebruik je een truc om de spreiding in kaart te brengen.

Stap 2   De *afwijkingen* van het gemiddelde $(x - RG)$:

Stap 3   De *kwadraten* van de afwijkingen $(x - RG)^2$:

$2 - 7 =$	-5	25
$5 - 7 =$	-2	4
$6 - 7 =$	-1	1
$8 - 7 =$	$+1$	1
$14 - 7 =$	$+7$	49
	0	

Stap 4   De *som* van de kwadraten van de afwijkingen: 80

Stap 5   Dat totaal deel je door het aantal waarnemingen: 80 : 5 = 16 (dit is dus het gemiddelde van die kwadraten)

Stap 6   De *wortel* daarvan nemen: $\sigma = \sqrt{16} = 4$

(bij stap 3 was de truc om het kwadraat te nemen, dat maak je nu weer ongedaan met worteltrekken)

De standaardafwijking binnen dit rijtje van vijf getallen is 4. Het symbool voor standaarddeviatie is de Griekse kleine letter sigma: $\sigma = 4$. Hoe groter de standaardafwijkingen, hoe groter de spreiding, dus hoe verder de waarnemingen van het gemiddelde afliggen. Deze komt uit op een heel getal, meestal krijg je cijfers achter de komma. Voor een grote reeks is het wel een heel gedoe om de standaardafwijking te berekenen. Gelukkig heeft Excel er een formule voor, zodat je deze spreidingsmaat op de computer in een handomdraai berekent.

De formule voor de standaardafwijking:

$$\sigma = \sqrt{\frac{\text{som}(x-\text{RG})^2}{N}}$$

De hoofdletter N staat voor het totaal aantal waarnemingen in een populatie. Deze formule is de samenvatting van de zes stappen uit het laatste voorbeeld.

Onthoud	Standaardafwijking:

1. Bereken RG.
2. Bereken de afwijking van elke waarde van RG.
3. Neem van elke afwijking het kwadraat.
4. Tel al die kwadraten bij elkaar.
5. Deel de uitkomst door het aantal waarden (de totale frequentie).
6. Neem van die uitkomst de wortel.

Samengevat: $\sigma = \sqrt{\dfrac{\text{som}(x-\text{RG})^2}{N}}$

Als je de standaarddeviatie berekent voor een steekproef, dan moet je de formule anders noteren:

$$s = \sqrt{\frac{\text{som}(x-\text{RG})^2}{n}}$$

σ = de standaardafwijking in de populatie.

s = de standaardafwijking binnen de steekproef.

N = het aantal elementen binnen de populatie.

n = het aantal elementen in de steekproef.

Eigenlijk hoor je de standaardafwijking van een steekproef nog te vermenigvuldigen met de *eindigheidscorrectie*. De formule wordt dan zo:

$$s = \sqrt{\frac{som(x-RG)^2}{n-1}} \times \sqrt{\frac{N-n}{N-1}}$$

Maar die correctie kun je rustig weglaten als het om een grotere populatie gaat (zodra de steekproef 5% of een kleiner deel van de hele populatie vormt). In een grote populatie komt die tweede breuk namelijk vrijwel uit op het getal 1. Reken 'm maar eens uit voor 16 miljoen inwoners (N) en een steekproef van 2000 personen (n)! Bij het werken met kleine populaties moet je deze correctie wel toepassen, maar bij marktonderzoek komt dat maar weinig voor.

Opdrachten

7. a. De cijfers van Denise voor Nederlands: 8, 5, 6, 9, 4, 7.
        Bereken de standaardafwijking.
    b. Dennis haalde deze cijfers: 3, 6, 7, 4, 2 8.
        Bereken de standaardafwijking.
    c. Bij welke van deze twee cursisten is de spreiding groter? Wat wil dat zeggen?

8. De wekelijkse uitgaven van twee klanten bij Super 1-uit-1000 van de laatste zes weken:

Klant a	Klant b
€ 89,00	€ 140,00
€ 103,50	€ 65,00
€ 78,50	€ 80,00
€ 120,00	€ 124,00
€ 104,00	€ 142,00
€ 96,00	€ 40,00

Bereken van de uitgaven van beide klanten de standaardafwijking en verklaar de uitkomsten.

9. a. Bedenk nog een voorbeeld van een frequentieverdeling die je tegen zou kunnen komen bij marktonderzoek.
    b. Leg uit waarom het belangrijk is om daarin het gemiddelde en de standaardafwijking te bepalen.

10. a. Wat wil het zeggen als een verdeling 'scheef' is?
    b. Waarom zijn bij een symmetrische verdeling de centrummaten gemiddelde, modus en mediaan aan elkaar gelijk?

11. Zet Excel aan en zet de cijferreeks uit het voorbeeld in een reeks:

    2   5   6   8   14

    Zet daarna de cursor in een andere cel en klok op het knopje Functie invoegen. Kies de formule =STDEVPA en selecteer het bereik van je reeks. Vergelijk de uitkomst met het voorbeeld in deze paragraaf.

7.3   Normale verdeling

Met een te kleine steekproef kun je ernaast zitten, maar het mooie van kansverdelingen is dat de resultaten van een groot aantal steekproeven samen zich keurig symmetrisch rond het gemiddelde verdelen.

Voorbeeld

Een onderzoekster heeft een grote bak met 10.000 gladde gelijkgevormde kleine balletjes. Daarvan is 30% zwart en 70% wit: 3000 zwarte balletjes en 7000 witte. Met een speciaal steekproefschepje schept ze er steeds twintig uit. Ze noteert de uitkomst, gooit de balletjes weer terug en roert flink in de bak. Dat doet ze 1000 keer. Van de uitkomsten maakt ze een frequentietabel en een histogram.

aantal zwart	frequentie
0	0
1	5
2	11
3	69
4	132
5	169

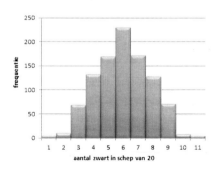

6	230
7	172
8	128
9	71
10	8
11	5
12 of meer	0
totaal	1000

Figuur 7.1

Het percentage zwart is 30%, dus in een steekproef van twintig zie je het liefst zes zwarte balletjes. Je ziet aan het voorbeeld ook dat een steekproef van twintig veel te klein is, want er zitten gevallen bij met maar een zwart balletje en met elf. Maar als ze maar genoeg steekproeven trekt, komt het *gemiddelde* van al die proeven wel vrijwel uit bij 30% ofwel zes balletjes per steekproef.

Opdracht

12. Bereken het rekenkundig gemiddelde van de frequentieverdeling uit het voorbeeld.

Zo'n grafiek van de resultaten van een groot aantal steekproeven is een *steekproevenverdeling*. Zeker voor steekproeven die groot genoeg zijn, geldt dat, hoe vaker je de steekproef herhaalt, hoe meer de grafiek van de steekproeven-verdeling gaat lijken op een *normale verdeling*. Dat lijndiagram heet ter ere van de uitvinder ook wel de 'kromme van Gauss'. Het is een bijzondere vorm van een symmetrische frequentieverdeling, waarbij de lijn aan beide kanten van het gemiddelde (de top) buigpunten heeft die precies samenvallen met:

- één keer de standaardafwijking σ;
- met 2 keer σ;
- met 3 keer σ.

normale verdeling

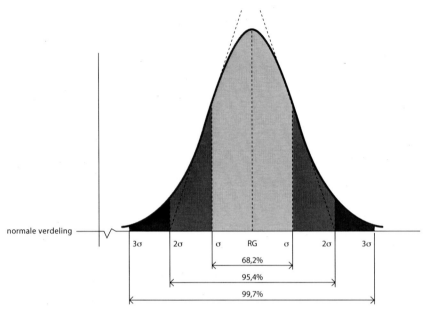

normale verdeling

Figuur 7.2

Bij iedere normale verdeling ligt ruim 68% van de waarnemingen tussen (RG – σ) en (RG + σ).

Ruim 95% van de waarnemingen ligt tussen het gemiddelde plus en min 2 keer σ. En bijna alle waarnemingen, ruim 99%, liggen tussen (RG – 3σ) en (RG + 3σ). De standaardafwijking σ van de steekproevenverdeling heet de *standaardfout*.

standaardfout

Achter de normale verdeling zit een heel wiskundig verhaal, maar om de uitkomsten van deze verdeling toe te passen op steekproefresultaten hoef je dat niet te kennen. Van de normale verdeling leid je de betrouwbaarheid van steekproefresultaten af.

Veel verschijnselen die je onderzoekt, laten in werkelijkheid helemaal geen normale verdeling zien. Maar als je maar vaak genoeg een steekproef neemt, zul je altijd zien dat de *afwijkingen* van het gemiddelde in de steekproevenverdeling zich verdelen zoals in een normale verdeling. Daarom noemt men die normale verdeling ook wel een *waarschijnlijkheids*verdeling. Dat betekent dat je met een representatieve steekproef (aselect en groot genoeg) ruim 68% kans hebt op resultaten die maximaal 1 keer de standaardafwijking (standaardfout) onder of boven het gemiddelde liggen.

excentriciteit

z-waarden

Hoeveel de verschillende waarden afwijken van het gemiddelde steekproef-resultaat heet de *excentriciteit*. Sommige waarden zijn sterk 'excentrisch', de meeste liggen dichter bij het gemiddelde. De mate van excentriciteit die bij een bepaalde betrouwbaarheid past, kun je berekenen met behulp van *z-waarden* (ze worden ook wel 'k-waarden' genoemd). Als je de standaardafwijking binnen een steekproef vermenigvuldigt met de z-waarde die past bij het gewenste niveau van betrouwbaarheid, dan krijg je de nauwkeurigheids-marge. Dat gereedschap heb je nodig om de minimale steekproefomvang te berekenen.

betrouwbaarheid	z-waarde
99,7%	3
99%	2,575
95,4%	2
95%	1,96
90%	1,645
68,2%	1

De z-waarden 1, 2 en 3 kun je zo aflezen aan de grafiek van de normale verde-ling: 1 keer σ, 2 keer σ en 3 keer σ. Deze waarden rekenen lekker makkelijk, maar 95,4% in je rapport is niet lezersvriendelijk. Daarom zijn ook de waarden die horen bij betrouwbaarheidsniveaus van 90%, 95% en 99% berekend. Die heb je in de praktijk vaker nodig, omdat het prettiger staat om ronde getallen te presenteren ('met 95% betrouwbaarheid kunnen we vaststellen dat.....').

Opdrachten

13. a. Wat is frequentie?
    b. Wat is een frequentieverdeling?
    c. Wat lees je af aan een steekproevenverdeling?

14. a. Waarom noemt men een normale verdeling ook wel een kansverdeling of een waarschijnlijkheidsverdeling?
    b. Wat zijn de kenmerken van een normale verdeling?

15. a. Hoe heet de standaardafwijking van een steekproevenverdeling?
    b. Hoe groot is de kans dat de afwijking van het populatiegemiddelde in een representatieve steekproef niet groter is dan drie keer de standaard-afwijking?

16. a. Wat is excentriciteit?

    b. Waar heb je z-waarden voor nodig?

7.4   Steekproefgrootte

Stel, je werkt bij een theeproducent en je doet marktonderzoek. Op grond van ander onderzoek weet je al dat 80% van de Nederlanders thee drinkt. Je ondervraagt een steekproef van 400 personen. Daarvan antwoorden 324 responden-ten dat ze thee drinken, ofwel 81%.

$$\sigma = \sqrt{\frac{p(100-p)}{n}}$$

De letter p staat voor het percentage kans op het resultaat dat je zoekt. In dit geval is p gelijk aan 80% kans op een theedrinker. Dus $(100 - p)$ staat voor de kans dat een respondent geen thee drinkt, dus $100 - 80 = 20\%$. $p(100 - p)$ is telegramstijl voor 'p x $(100 - p)$'. Wiskundige notatie laat het keerteken weg. De n staat voor de grootte van de steekproef. De geschatte standaardfout van een steekproef komt dan op

$$\sqrt{\frac{80 \times 20}{400}} = \sqrt{\frac{1600}{400}} = \sqrt{4} = 2\%$$

Dus in dit voorbeeld is σ gelijk aan 2 (meestal kom je minder mooi uit). Bij 99,7% betrouwbaarheid hoort een z-waarde van $3 \times \sigma$. Dus kun je in dit geval met 99,7% betrouwbaarheid zeggen dat het resultaat van je steekproef zal lig-gen tussen 74% $(80 - 3\sigma = 74\%)$ en 86% $(80 + 3\sigma = 86\%)$.

Dat geeft een *schattingsinterval* van $86 - 74 = 12\%$. De nauwkeurigheidsmarge is de helft daarvan, ofwel 6%.

schattingsinterval

Bij dit onderzoeksresultaat is de kans dat tussen de 74% en de 86% van de Nederlanders thee drinkt 99,7%. Er is ook een kleine kans dat het werkelijke percentage kleiner is dan 74% of groter dan 86%, namelijk 0,3%. Dit heet de *overschrijdingskans*, die is gelijk aan 100 min de betrouwbaarheid.

overschrijdingskans

Je kunt deze schatting ook nauwkeuriger maken dan 6%, maar dan lever je betrouwbaarheid in. Met 95,4% betrouwbaarheid (z-waarde $2 \times \sigma$) zal het per-centage liggen tussen 76% $(80 - 2\sigma = 76\%)$ en 84% $(80 + 2\sigma = 84\%)$. Bij 95,4% betrouwbaarheid geeft deze steekproefgrootte dus een schattingsinterval van 8%, ofwel een nauwkeurigheidsmarge van 4%. De overschrijdingskans is in dit geval 4,6%.

Met 68,2% betrouwbaarheid (z-waarde 1 × σ) zal het percentage theedrinkers in de populatie liggen tussen de 78% en de 82%: nauwkeurigheidsmarge 2%. Maar de overschrijdingskans is maar liefst 31,8%. De enige manier om grotere nauwkeurigheid én betrouwbaarheid te krijgen, is met een grotere steekproef. Probeer het eens met 800 respondenten.

$$\sqrt{\frac{80 \times 20}{800}} = \sqrt{\frac{1600}{800}} = \sqrt{2} = 1,4\%$$

Bij 95,4% betrouwbaarheid krijg je nu een nauwkeurigheidsmarge van 2,8%, en bij 99,7% betrouwbaarheid is die marge 4,2%.

Met deze formule kun je de minimale steekproefgrootte bij een grote populatie uitrekenen.

De nauwkeurigheidsmarge is gelijk aan de z-waarde maal $\sqrt{\frac{p(100-p)}{n}}$

Bij marktonderzoek werk je vaak met een nauwkeurigheidsmarge van 5% en 95% betrouwbaarheid (z-waarde 1,96). Stel p nog steeds op 80%. Dus

$$5\% = 1,96 \times \sqrt{\frac{1600}{n}}$$

Deel die 5% door 1,96 en je krijgt

$$2,551\% = \sqrt{\frac{1600}{n}}$$

Aan beide kanten kwadrateren om dat wortelteken weg te werken:

$$6,508 = \frac{1600}{n} \quad \text{dus} \quad n = \frac{1600}{6,508} = 245,85$$

naar boven afronden De minimale steekproefgrootte is in dit geval 246. Je rondt de uitkomst altijd naar *boven* af, anders is je steekproef net te klein.

Het kan nog makkelijker, door van tevoren dat wortelteken uit de formule weg te werken. Deel de nauwkeurigheidsmarge door de z-waarde. De uitkomst is de *gewenste standaardfout*. Dat is de standaardfout die jouw bedrijf accepteert, gegeven een bepaald niveau van nauwkeurigheid en betrouwbaarheid. Bij een

gewenste
standaardfout

nauwkeurigheidsmarge van 5% en 95% betrouwbaarheid is gewenste standaardfout

$$5 : 1,96 = 2,551020408 \text{ (zo min mogelijk afronden)}.$$

Je berekent de minimale steekproefgrootte dan zo:

$$n = \frac{p(100 - p)}{\text{standaardfout}^2}$$

Boven de streep staat dus 1600. Die uitkomst deel je door het kwadraat van de gewenste standaardfout.

$$\frac{80 \times (100 - 80)}{2,551020408^2} = \frac{1600}{6,07705} = 245,86$$

Ja maar, hoe zit dat dan met die 80%? Wie zegt dat de voorkeur voor thee nog steeds hetzelfde is, misschien is die sterk veranderd! Als je aan de veilige kant wilt zitten, ga je uit van 50%. Je krijgt dan de hoogst mogelijke uitkomst.

$$\frac{2500}{6,507705} = 348,16$$

Bovenstaande berekening gebruik je bij onderzoek naar *proporties* ofwel percentages: hoeveel procent van de populatie kent ons merk, hoeveel procent koopt het, enzovoort. De berekening is alleen bruikbaar bij een *binomiale verdeling*. 'Bi' betekent twee, het gaat om een frequentieverdeling waarbij maar twee waarden mogelijk zijn: ja of nee, wel of geen merkbekendheid, zwart of wit, enzovoort.

binomiale verdeling

Bij marktonderzoek ben je ook vaak op zoek naar *hoeveelheden*: hoeveel gebruikt men van dit product, hoeveel kilometer rijdt deze doelgroep met die auto. De berekening bij onderzoek naar hoeveelheden gaat iets anders dan bij proporties.

Voorbeeld

Dat beide soorten marketingvragen belangrijk zijn merkten ze bij Coca-Cola, nadat zij een nieuwe smaak introduceerden op grond van uitgebreid marktonderzoek. Daaruit bleek dat steeds meer mensen Pepsi lekkerder vonden dan Coca-Cola. Toch werd de introductie van de nieuwe smaak een flop: de verkoop kelderde. Achteraf bleek dat juist de heavy users de oude colasmaak zeer waardeerden. De marketingmachine van Coca-Cola had wel koppen geteld, maar was vergeten het verbruik te meten.

In de praktijk moet je steekproef meestal groter zijn, doordat je te maken hebt met *non-respons*: je hebt wel een mooie steekproef getrokken, maar niet alle mensen daarin willen aan het onderzoek meewerken. Als je uit ervaring weet hoeveel non-respons je ongeveer kunt verwachten, weet je hoeveel groter je de steekproef moet nemen om niet in de problemen te komen. In het volgende hoofdstuk meer daarover.

Onthoud

Steekproefgrootte
- Bepaal de gewenste nauwkeurigheidsmarge en betrouwbaarheid.
- Deel die nauwkeurigheidsmarge door de z-waarde. Je krijgt de gewenste standaardfout.
- Vul die in in de formule:

$$n = \frac{p(100-p)}{\text{standaardfout}^2}$$

- Rond het antwoord altijd af naar boven.
- Bij onzekerheid over *p* kun je uitgaan van 50%.

Opdrachten

17. a. Bereken de minimale steekproefomvang om merkvoorkeur vast te stellen met een betrouwbaarheid van 90% en een nauwkeurigheidsmarge van 5%. Uit onderzoek van vorig jaar bleek een merkvoorkeur van 22%.
    b. Bereken de minimale steekproefgrootte voor hetzelfde geval, maar dan met een betrouwbaarheid van 99% en een nauwkeurigheidsmarge van 3%.

18. a. Je bent op zoek naar het percentage consumenten dat van mild pikante smaken houdt, maar je hebt geen flauw idee van het percentage. Hoe groot moet de steekproef minstens zijn bij een betrouwbaarheid van 95% en een nauwkeurigheidsmarge van 5%?
    b. En bij een betrouwbaarheid van 95,4% en een nauwkeurigheidsmarge van 3%?
    c. En bij een betrouwbaarheid van 99,7% en een nauwkeurigheidsmarge van 1%?

19. a Waarom kan het voordelig zijn als je van tevoren al aanwijzingen hebt over een percentage dat je preciezer wilt weten?
    b Hoe kun je daar aanwijzingen over krijgen als deze informatie voor het onderzoek ontbreekt?

20. Cookiesfabrikant Monster wil de merktrouw onderzoeken onder de groep bestaande klanten. Uit een pilot study blijkt dat de merktrouw tussen de 20% en 30% ligt. De marketingmanager wil een betrouwbaarheid van 95% en een nauwkeurigheidsmarges van 5%.
Bereken hoe groot de steekproef minstens moet zijn.

7.5   Samenvatting

*Bevolkings*onderzoek naar de hele *populatie* is erg duur, dus werkt men vaak met *steekproeven*. Die zijn *representatief* (ze lijken qua samenstelling op de populatie als geheel) als ze *aselect* zijn, *voldoende groot* en getrokken uit een populatie die op onderzoekskenmerken *homogeen* is. De steekproefgrootte hangt af van de gewenste *nauwkeurigheidsmarge* waarbinnen het resultaat van de werkelijkheid mag afwijken en de gewenste *betrouwbaarheid*, de kans dat een volgende steekproef hetzelfde resultaat zou opleveren. Het *schattingsinterval* is het dubbele van de nauwkeurigheidsmarge (naar boven plus naar beneden). De *overschrijdingskans* is 100 min het betrouwbaarheidspercentage.

Met een *frequentieverdeling* kun je laten zien hoe vaak bepaalde kenmerken in een populatie voorkomen. Met *centrummaten*, zoals het rekenkundig gemiddelde, en *spreidingsmaten* kun je de verdeling typeren. De *standaardafwijking* (ofwel standaarddeviatie) geeft de mate van spreiding rond het gemiddelde aan.

Hoe meer voldoende grote steekproeven je zou trekken, hoe meer de grafiek van al die resultaten bij elkaar (de *steekproevenverdeling*) zou gaan lijken op een *normale verdeling*. Dat is een symmetrische verdeling, de buigpunten van de grafiek vallen precies samen met meervouden van de standaardafwijking. De mate van *excentriciteit*, de afstand tot het gemiddelde, bepaalt hoe groot de betrouwbaarheid is dat steekproefresultaten binnen een bepaalde afstand van het populatiegemiddelde zullen liggen. Hier zijn de *z-waarden* van afgeleid; daarmee kun je berekenen binnen welke marge steekproefresultaten af kunnen wijken bij een bepaald niveau van betrouwbaarheid.

Bij onderzoek naar proporties met een binomiale verdeling (twee procentuele waarden) is de nauwkeurigheidsmarge gelijk aan de z-waarde maal

$$\sqrt{\frac{p(100-p)}{n}}$$

Daarvan leid je de formule voor de minimale steekproefgrootte af. Je bepaalt eerst met welke niveaus van nauwkeurigheid en betrouwbaarheid je wilt werken. Daarna deel je de nauwkeurigheidsmarge door de z-waarde die bij je betrouwbaarheid hoort. De uitkomst is de standaardfout die je wenst. De minimale steekproefgrootte is dan

$$n = \frac{p(100-p)}{\text{standaardfout}^2}$$

Rond de uitkomst altijd naar boven af.

7.6   Begrippen

Betrouwbaarheid (van steekproef- resultaten)	De mate waarin je bij herhaling van de meting dezelfde resultaten krijgt.
Bevolkingsonderzoek	Het onderzoeken van de hele populatie.
Excentriciteit	De mate waarin de verschillende waarden afwijken van het gemiddelde steekproefresultaat.
Frequentieverdeling	Laat zien hoe vaak verschillende waarden van een bepaald kenmerk voorkomen.
Nauwkeurigheid (van steekproef- resultaten)	Geeft aan binnen welke marge de werkelijkheid af kan wijken van het steekproefresultaat.
Normale verdeling (kromme van Gauss)	Bijzondere vorm van een symmetrische frequentie-verdeling. Het lijndiagram heeft aan beide kanten van het gemiddelde buigpunten die precies samenvallen met 1, 2 en 3 keer de standaardafwijking.
Overschrijdingskans	De kans dat een steekproefresultaat meer afwijkt dan het schattingsinterval. Is gelijk aan 100% min de betrouwbaarheid.
Populatie	De verzameling van alle elementen waaruit een groep bestaat.

Schattingsinterval	De mogelijke waarden die een proportie in de populatie zou kunnen hebben op grond van een steekproef bij een gekozen betrouwbaarheid (is het dubbele van de nauwkeurigheidsmarge).
Spreidingsmaat	Geeft aan in welke mate afzonderlijke waarden afwijken van de centrummaat.
Standaardafwijking (standaarddeviatie)	Spreidingsmaat die de mate van spreiding aan rond het rekenkundig gemiddelde aangeeft.
Standaardfout geschatte ~	De standaardafwijking van de steekproevenverdeling. hangt af van de standaardafwijking binnen de steekproef.
Steekproef	Gedeelte van de populatie dat zó is gekozen dat het lijkt op de populatie als geheel.
aselecte ~	elk element van de populatie heeft evenveel kans om in de steekproef terecht te komen.
representatieve ~	is aselect, voldoende groot en getrokken uit een homogene populatie.
Steekproevenverdeling	Lijndiagram dat de resultaten van een groot aantal steekproeven laat zien (als die groot genoeg zijn wordt het een normale verdeling).
Z-waarden	Waarden waarmee je de mate van excentriciteit kunt berekenen die passen bij een bepaald niveau van betrouwbaarheid.

8   Steekproef trekken en controleren

8.1   Manieren van steekproef trekken

Als je eenmaal weet hoe groot je steekproef moet zijn, kom je voor de vraag hoe je die steekproef samenstelt: welke mensen moeten erin zitten? Er zijn verschillende manieren om aselect een steekproef te trekken, waarbij mensen uit de populatie met verschillende kenmerken dezelfde kans hebben om in de steekproef te zitten. Een aselecte steekproef heet ook wel *kans*steekproef of *toevals*steekproef. Door aselect te selecteren zorg je ervoor dat je elke keer als je een steekproef trekt een *andere* steekproef krijgt. Als blijkt dat de helft van de elementen van de vorige steekproef ook weer in de volgende zitten, is de steekproef zeker niet aselect.

aselecte steekproef

Een steekproef trek je uit een populatie. Maar je kunt moeilijk heel Nederland door gaan rijden om huizen aan te wijzen. Je hebt een steekproef*kader* nodig, een bestand waaruit je kunt selecteren. PostNL heeft bijvoorbeeld een bestand met alle adressen waar post bezorgd wordt. Gebruik daarvan kost wel geld. Ook het telefoonboek is een mogelijk steekproefkader, alleen staat niet iedereen daar in. Je hebt dan meteen een *kaderfout*, want niet alle mogelijke leden van de populatie hebben kans om in de steekproef te komen.

steekproefkader

kaderfout

Als je een bestand hebt van de hele populatie, bijvoorbeeld een bestand van alle Nederlanders, is het trekken van een aselecte steekproef simpel. Je kunt de computer bij toeval een aantal personen laten trekken. Als dit niet mogelijk is, maar je hebt wel zo'n groot bestand, kun je zelf het toeval een handje helpen. Gewoon de eerste 400 adressen selecteren is niet toevallig en dus niet aselect. Je kunt bijvoorbeeld het bestand uitprinten en op elke bladzij een potlood laten vallen. Er bestaan speciale toevalstabellen waarmee je adressen kunt aanwijzen als je ze genummerd hebt. Deze manier van aselect selecteren is *enkelvoudig*, omdat je de populatie niet eerst in groepen verdeelt.

enkelvoudige steekproef

systematische
steekproef

Als het bestand *niet* geordend is op een kenmerk dat van belang is voor het onderzoek, kun je het toeval een handje helpen door *systematisch* te werk te gaan. Dat is een methode om een toevalssteekproef te trekken. Als je bijvoorbeeld een onderzoek doet naar koopgedrag, dan kun je er veilig van uitgaan dat de beginletter van achternamen geen kenmerk is, dat van belang is voor het onderzoek.

Stel dat je een steekproef nodig hebt van 2000 mensen uit de populatie van ± 13 miljoen volwassen Nederlanders.

$$13.000.000 : 2000 = 6500$$

Je begint met een *toevallig* getal onder de 6500. Je kunt bijvoorbeeld een lotenboekje nemen dat tot 6500 gaat en iemand een lotje laten trekken. Je begint dan bij het adres met dat nummer en om de 6500 volgende adressen pik je er eentje uit het bestand. Je steekproef is klaar. Zo'n steekproef heet een *systematische* steekproef, omdat je systematisch te werk gaat om de steekproef toevalligerwijs tot stand te laten komen.

Ook bij een klein bedrijf, dat niet zo'n groot adressenbestand bij de hand heeft, kun je prima een systematische steekproef trekken. Stel dat je doelgroep bestaat uit de populatie van één wijk. Je kunt dan per straat met een willekeurig huisnummer beginnen en om de zoveel adressen er eentje nemen. Hoe neem je een willekeurig nummer? Behalve lootjes en toevalstabellen kun je bijvoorbeeld dobbelstenen gebruiken of een rouletteschijf. Als je de getallen op een rouletteschijf vertaalt in letters kun je daarmee ook toevallige letters trekken, bijvoorbeeld om beginletters van straten te selecteren. Op de stratenlijst zelf kun je prikken zonder te kijken. Als dat meerdere keren moet, kun je collega's om beurten laten prikken, zodat er geen afwijking van één persoon het toeval verstoort.

clustersteekproef

Als reistijd en reiskosten een probleem zijn bij een steekproef die verspreid is door het hele land kun je voor een *cluster*steekproef kiezen. Daarbij verdeel je de populatie in clusters. Je trekt een aselecte steekproef van clusters, bijvoorbeeld straten. Als je vervolgens alle elementen van die clusters onderzoekt, ben

- eentraps

je bezig met een *eentraps*clustersteekproef.

- tweetraps

In een *tweetraps*clustersteekproef trek je eerst een aselecte steekproef van clusters, bijvoorbeeld wijken (of scholen, ziekenhuizen, enzovoort). Daarna trek je binnen elk cluster een aselecte steekproef.

Je kunt nog meer tussenstappen nemen. Je selecteert bijvoorbeeld in deze volgorde:

- een aantal Nederlandse gemeenten;
- per gemeente een aantal straten;
- per straat een aantal huisnummers.

Dit is een *getrapte* steekproeftrekking: je trekt een systematische steekproef in drie verschillende stappen. Je begint met de populatie van Nederlandse gemeenten, waar je via het toeval een aantal uit trekt. Je hebt dus een lijst van gemeenten nodig. De tweede 'tree' is een steekproef van straten per gemeente. Een volledig stratenboek is een goed hulpmiddel. De derde tree is een steekproef van huisnummers per straat.

gebiedensteekproef

Zo'n getrapte clustersteekproef heet ook wel *gebieden*steekproef of *area* steekproef. Deze manier is goedkoper, omdat je geen bestand nodig hebt en omdat de te ondervragen respondenten dichter bij elkaar wonen. Wel heb je meer kans dat de toevalsfactor is verstoord. Daardoor is deze steekproef iets minder aselect en dus wat minder betrouwbaar dan een enkelvoudige of een systematische steekproef.

Er zijn gevallen waarbij de populatie die je wilt onderzoeken duidelijk uit verschillende subgroepen bestaat, die belangrijk zijn voor je onderzoek. Dat kunnen verschillende marktsegmenten zijn, verschillende leeftijdsgroepen, groepen met verschillende culturele achtergrond, welstandsklassen, enzovoort. Bij een *gestratificeerde* steekproef splits je eerst de populatie in verschillende groepen ('strata'). Daarna neem je uit elke groep een aselecte steekproef. Het verschil met een clustersteekproef is dat de subgroepen verschillen op kenmerken die voor het onderzoek van belang zijn.

gestratificeerde steekproef

Er zijn twee soorten gestratificeerde steekproeven. Als je wilt dat elke subgroep evenredig in je steekproef is vertegenwoordigd, dus met hetzelfde percentage als in de populatie, dan ben je bezig met een *proportioneel* gestratificeerde steekproef. Nu kun je zeggen, bij een representatieve steekproef zijn toch al die subgroepen vanzelf vertegenwoordigd? Dat hoeft niet waar te zijn.

- proportioneel

Voorbeeld

Je doet onderzoek voor een uitgeverij van tijdschriften en het opleidingsniveau is heel belangrijk. Hoger opgeleiden vormen 28% van de populatie, middelbaar opgeleiden 43% en lager opgeleiden 29%. Je kiest de minimale steekproefomvang. Die is groot genoeg, maar als je alleen naar hoger opgeleide mensen kijkt, is je steekproefomvang eigenlijk te klein. Je besluit om proportioneel te stratificeren: je splitst het steekproefkader naar opleidingsniveau. Je trekt 28% van de steekproef uit de hoger opgeleiden, 43% uit de middelbaar opgeleiden en 29% uit de lager opgeleide mensen. Op deze manier ben je er zeker van dat je geen vertekening hebt op dit kenmerk, wat voor jouw onderzoek belangrijk is.

Er zijn ook situaties waarin je bepaalde groepen juist zwaarder in je steekproef vertegenwoordigd wil hebben dan in de populatie. Neem een onderzoek naar beslissers in een bedrijfstak waarin vrouwen maar een klein deel van de populatie vormen, terwijl je toch ook de mening van vrouwelijke beslissers wilt weten. Je besluit om in je steekproef meer vrouwelijke beslissers op te nemen dan hun percentage in de populatie, omdat je ook hun mening goed uit de verf wilt laten komen. Je bent dan bezig met een *disproportioneel* gestratificeerde steekproef.

- disproportioneel

Je kunt ook per subgroep een aparte steekproef trekken. Als de subgroepen in de populatie niet even groot zijn, is je verzameling steekproeven vanzelf disproportioneel gestratificeerd.

random-walk

Als het trekken van de steekproef lastig is, kiest men ook wel eens voor de *random-walk* methode. Letterlijk vertaald is dat "lukraak wandelen". Je trekt bijvoorbeeld aselect 100 startadressen waar de enquêteurs mee beginnen. Van daaruit gaan ze aan de wandel, tot ze iemand aantreffen die bij de doelgroep hoort. In dat geval is de steekproef niet aselect, want de persoon van de enquêteur kan de keuzen kleuren. Dat kun je voorkomen met precieze instructies. Bijvoorbeeld: 'vanaf het startadres naar links, dan de eerste straat rechts en het vijfde huis proberen. Indien niet thuis het volgende huis.' Deze manier wordt ook wel de *random route* methode of de *startadressen*methode genoemd.

gemakssteekproef

Een *gemaks*steekproef bestaat uit personen die makkelijk te bereiken zijn, bijvoorbeeld de eerste klanten 's morgens, mensen die in de buurt wonen of vrijwilligers. Dit is een *niet-aselecte* steekproef, want de onderzoeker heeft duidelijk geselecteerd. Daardoor kun je zo'n steekproef niet gebruiken om algemene conclusies op te baseren. Voor een eerste indruk of bij verkennend onderzoek gebruikt men wel gemakssteekproeven. Ook een *beoordelings*steekproef is niet aselect. Daarbij bepaalt de onderzoeker of de enquêteur wie er bij

beoordelingssteek-
proef

de steekproef horen. Het oordeel van een persoon is niet objectief, dus is er geselecteerd.

quotasteekproef

Bij een *quota*steekproef deel je de populatie ook op in subgroepen. Stel dat je drie subgroepen van huishoudens vaststelt: tweeverdieners, eenverdieners en gezinnen zonder baan. Vervolgens geef je enquêteurs opdracht om bijvoorbeeld per geselecteerde wijk 20 personen te ondervragen, namelijk 9 bij tweeverdieners, 7 bij eenverdieners en 4 bij adressen waar niemand een betaalde baan heeft. Door een deel van de selectie aan de enquêteurs over te laten bespaar je zelf wel werk, maar een quotasteekproef is niet representatief want hij is niet aselect. Doordat je de enquêteurs voor een deel laat selecteren, sluipt er een element van beoordeling in.

Onthoud

Methoden van steekproef trekken

aselect
- enkelvoudig
- systematisch
- cluster (eentraps of tweetraps)
- gestratificeerd (proportioneel of disproportioneel)
- random-walk

niet aselect
- quotasteekproef
- gemakssteekproef
- beoordelingssteekproef

Opdrachten

1. a. In welk geval is een steekproef aselect?
   b. Waarom is een niet-aselecte steekproef niet representatief?

2. a. Wat is het verschil tussen een enkelvoudig aselecte steekproef en een systematische?
   b. Wat is het voordeel van beide methoden?
   c. Welk nadeel kunnen deze methoden hebben?

3. a. Welke redenen kan een onderzoeker hebben om te kiezen voor een getrapte clustersteekproef?
   b. Om welke redenen zou je kunnen kiezen voor de random-walk aanpak?
   c. Vergelijk beide methoden op representativiteit.

4. a. Je werkt bij BodyCare lichaamsverzorging en je moet veldonderzoek doen naar consumentenvoorkeuren. Om welke redenen zou je kunnen kiezen voor een gestratificeerde steekproef?
   b. Hoe zou je de doelgroep indelen in strata?
   c. Ga je proportioneel of disproportioneel stratificeren? Verklaar je antwoord.

5. Leg uit waarom je een quotasteekproef niet aselect kunt noemen.

6. a. Welke redenen kunnen er bestaan voor een gemakssteekproef?
   b. Bedenk een voorbeeld van een beoordelingssteekproef die de directie van jouw school van leerlingen zou kunnen nemen.
   c. Geef aan hoe je het beste een aselecte steekproef kunt nemen van de populatie Nederlandse leerlingen.

7. Welke methode van steekproef trekken pas het best bij de situatie? Verklaar je antwoorden.
   a. Een startende onderneemster heeft een steekproef van Nederlanders nodig, maar het budget is klein en ze heeft geen adressenbestand.
   b. De BOVAG wil onderzoek doen naar variabelen die samenhangen met het autobezit van één auto, van twee auto's en van meer auto's. Volgens het CBS had in 2011 van de Nederlandse huishoudens 48,9% één auto, 18,4% twee auto's en 4,1% drie auto's of meer.
   c. Albert Heijn wil steekproefonderzoek doen naar klanten die wekelijks minder dan € 100,- bij AH besteden.

8. a Zet Excel aan en tik in een willekeurige cel
      =ASELECT()
      Druk daarna een aantal malen op F9 (herberekenen). Verklaar wat het programma doet.
   b. Je moet een steekproef trekken uit de bevolking van een stad met 500.000 inwoners. Typ
      =ASELECT()*500000
      Zet de weergave op duizendtalnotatie zonder getallen achter de komma. Beschrijf op welke manier je deze functie kunt gebruiken bij het trekken van een steekproef, en geef aan wat voor soort steekproef dat zou zijn.

8.2   Controle op representativiteit

Heb je eenmaal een steekproef samengesteld, dan is het verstandig om te
controleren of die inderdaad representatief is. De meeste kosten gaan immers
zitten in het veldwerk zelf. Als je achteraf merkt dat de steekproef niet in orde
was, is er weinig meer aan te doen. Bovendien zijn je resultaten overtuigender
als je met cijfers aan kunt tonen dat de representativiteit van je steekproef
gecontroleerd is.

Je kunt de representativiteit van een steekproef controleren op kenmerken
waarvan je de verdeling in de populatie kent. Neem als voorbeeld de verhouding tussen mannen en vrouwen, die is in de Nederlandse bevolking vrijwel
1 : 1. Dus als een steekproef van de Nederlandse bevolking echt aselect is en
voldoende groot, dan moeten er ongeveer evenveel vrouwen als mannen inzit-
ten. Maar waar ligt de grens van wat toelaatbaar is?

chi-kwadraattoets

Er bestaan allerlei statistische toetsen om het verband tussen twee (of meer)
variabelen te testen. Bij marktonderzoek maak je veel gebruik van de *chi-
kwadraat*toets. Chi-kwadraat is een cijfer dat iets zegt over de sterkte van het
verband tussen variabelen.

Voorbeeld

Je trekt een kleine steekproef van 20 personen. Er blijken 12 vrouwen en
8 mannen in te zitten. Je zou 10 vrouwen en 10 mannen verwachten. In een
kruistabel:

	waargenomen	verwacht
vrouwen	12	10
mannen	8	10

nulhypothese

Laten we even aannemen dat deze afwijkingen toevallig kunnen zijn. Dat is de
nulhypothese. Hypothese betekent veronderstelling. De nulhypothese is in dit
geval dus dat er niets aan de hand is. De andere, alternatieve hypothese is dat
dit geen toeval kan zijn, en dat er dus iets mis is met deze steekproef. Je gaat
een statistische toets toepassen om te controleren of de nulhypothese waar is,
of dat je die misschien moet verwerpen.

kruistabel

In een *kruistabel* kruis je de frequenties van minstens twee variabelen; in dit geval geslacht en aantal waargenomen en verwacht. Op grond van waargenomen en verwachte waarden kun je de X^2 berekenen. X is de Griekse hoofdletter 'Chi', dus X^2 spreek je uit als chi-kwadraat.

X^2

Om X^2 uit te rekenen volg je 4 stappen.
1   Bereken de afwijking tussen de waargenomen en verwachte frequenties.
2   Neem van elke afwijking het kwadraat.
3   Deel elk kwadraat door de verwachte frequentie die erbij hoort.
4   Tel de uitkomsten op en je hebt X^2.

Stap 1	Stap 2	Stap 3
$12 - 10 = 2$	4	$: 10 = 0,4$
$8 - 10 = -2$	4	$: 10 = 0,4$
Stap 4		$X^2 = 0,8$

$$X^2 = \text{som van } \frac{(\text{waargenomen frequentie} - \text{verwachte frequentie})^2}{\text{verwachte frequentie}}$$

In het voorbeeld: $\dfrac{(12-10)^2}{10} + \dfrac{(8-10)^2}{10} = 0,8$

In een tabel kun je aflezen tot welke waarde een X^2 mag komen volgens het toeval. Als je daarbovenuit komt, is er geen toevallig verband meer tussen de variabelen. In de tabel moet je zoeken bij het gewenste niveau van betrouwbaarheid van de steekproef. Ook moet je het aantal vrijheidsgraden van de kruistabel kennen. Het aantal *vrijheidsgraden* geeft aan in hoeveel cellen van de kruistabel de frequentie 'zomaar' tot stand is gekomen. Daar vergelijk je mee.

vrijheidsgraden

Het aantal vrijheidsgraden bereken je zo:
    In een tabel met maar één rij of één kolom: aantal cellen – 1
    In een tabel met meerdere kolommen en rijen:
    (aantal kolommen – 1) × (aantal rijen – 1)
In het voorbeeld kijk je alleen naar de waargenomen waarden. Er is maar één kolom, dus het aantal vrijheidsgraden is $(2 - 1) = 1$.

Als je representativiteit controleert, vergelijk je meestal op één kenmerk tussen de verwachte en waargenomen frequenties. Je komt dan op 1 vrijheidsgraad. Hoe meer verschillende variabelen je met elkaar vergelijkt, hoe meer vrijheidsgraden; en hoe hoger de bijbehorende X^2. De X^2 komt ook hoger uit naarmate de afwijking van de verwachte waarden groter is.

kritieke waarde X^2										
	aantal vrijheidsgraden									
	1	2	3	4	5	6	7	8	9	10
50%	0,46	1,39	2,37	3,36	4,35	5,35	6,35	7,34	8,34	9,34
80%	1,64	3,22	4,64	5,99	7,29	8,56	9,80	11,03	12,24	13,44
90%	2,71	4,60	6,25	7,78	9,24	10,65	12,02	13,36	14,68	15,99
95%	3,84	5,99	7,82	9,49	11,07	12,59	14,07	15,51	16,92	18,31
98%	5,41	7,82	9,84	11,67	13,39	15,03	16,62	18,17	19,68	21,16
99%	6,64	9,21	11,34	13,28	15,09	16,81	18,48	20,09	21,67	23,21
99,9%	10,83	13,28	16,27	18,46	20,52	22,46	24,32	26,12	27,88	29,59

(rijlabel links: betrouwbaarheid)

kritieke waarde X^2

In het geval van het voorbeeld kijk je in de kolom van 1 vrijheidsgraad. In elk hokje staat een *kritieke waarde* van X^2 bij een bepaald niveau van betrouwbaarheid. Tot en met de kritieke waarde van X^2 kan het verband toevallig zijn. Pas als de gevonden X^2 boven de kritieke waarde ligt, is er een statistisch verband tussen de variabelen, dat dus niet veroorzaakt is door het toeval. Kleinere

significant

afwijkingen zijn niet *significant*; het zijn wel afwijkingen, maar ze kunnen toevallig zijn. Pas bij een significante afwijking verwerp je de nulhypothese.

Als X^2 groter is dan de kritieke waarde, verwerp je de nulhypothese. Gelijk in het eerste hokje zie je de kritieke waarde voor X^2 bij een betrouwbaarheidsniveau van 50%: 0,46. De gevonden X^2 is 0,8, dus je kunt met 50% zekerheid zeggen dat de afwijking niet meer binnen de marges van het toevallige ligt, dus dat de steekproef niet representatief is op het kenmerk geslacht.

Nu is een fiftyfifty kans dat je steekproef representatief is, niet erg overtuigend. Meestal wil men dat met 95% of 99% zekerheid weten. Bij 95% zekerheid is de kritieke waarde van chi-kwadraat 3,84. De gevonden X^2 van 0,8 ligt daaronder, dus kan de afwijking toevallig zijn. Je verwerpt de nulhypothese niet.

Toch leek er op het eerste gezicht een duidelijke afwijking te zijn: 20% meer vrouwen in de steekproef dan in de populatie. Maar de chi-kwadraattoets wijst uit dat deze afwijkingen door het toeval kunnen komen. De conclusie moet zijn dat een steekproef van 20 gewoon te klein is om deze grillen van het toeval uit te vlakken. Stel je voor dat je een steekproef van 400 personen had met deze verdeling:

Voorbeeld

	waargenomen	verwacht
vrouwen	240	200
mannen	160	200

$$X^2 = \frac{(240-200)^2}{200} + \frac{(160-200)^2}{200} = 8 + 8 = 16$$

In dit geval weet je voor 99,9% zeker dat deze steekproef op het kenmerk geslacht *niet* representatief genoeg is, want 16 is groter dan 10,83 (zie de tabel met de kritieke waarde X^2). Je verwerpt de nulhypothese, want het verband is sterker dan je op grond van het toeval mag verwachten. Kennelijk is er iets misgegaan bij de steekproeftrekking.

De betrouwbaarheid van de kans dat een verband wel of niet toevallig is, moet je niet door de war halen met het betrouwbaarheidsniveau van de steekproef zelf (ook al hebben ze wel met elkaar te maken). Hier gaat het om de kans dat een verband toevallig is. Bij de chi-kwadraattoets betekent 95% betrouwbaarheid dat je bij herhaling van het onderzoek 5% kans hebt op een verband dat wel toevallig is. Bij de steekproef*omvang* gaat het om de kans dat een tweede steekproef dezelfde resultaten zou geven.

Onthoud

$$X^2 = \frac{\text{som van (waargenomen frequentie} - \text{verwachte frequentie})^2}{\text{verwachte frequentie}}$$

aantal vrijheidsgraden:
bij kruistabel met 1 kolom of 1 rij: aantal cellen - 1
bij meerdere kolommen/rijen: (aantal kolommen − 1) × (aantal rijen − 1)

Als gevonden X^2 > kritieke X^2: verband is niet toevallig

Opdrachten

9. a. Bereken X^2 voor net zo'n steekproef van 400 personen uit een populatie met een gelijk aantal mannen en vrouwen met een gewenste betrouwbaarheid van 95%, waarbij de steekproef 219 vrouwen en 181 mannen bevat.

b. Is deze steekproef representatief op de variabele geslacht? Met hoeveel procent zekerheid kun je dat zeggen?

10. Je bent bezig met marktonderzoek voor CodeSign, een zaak voor woning-inrichting. Je wilt controleren of een steekproef van 700 personen uit de populatie Nederlanders van 30 t/m 64 jaar representatief is op het kenmerk alleenstaand of niet-alleenstaand. Je zoekt bij het CBS het percentage alleen-staanden in deze leeftijdsgroep: dat bleek twee jaar geleden 13,9% te zijn. Volgens de trend kan dat percentage intussen wel iets gestegen zijn, maar niet meer dan een paar tienden van een procent. In jouw steekproef tref je 112 alleenstaanden aan.
    a. Maak een tabel van waargenomen en verwachte frequenties voor het kenmerk alleenstaand of niet-alleenstaand.
    b. Bereken X^2 en beoordeel de representativiteit van de steekproef op deze variabele. De gewenste betrouwbaarheid is 95%.

11. Je trekt een steekproef van 1600 personen uit de populatie Nederlanders van 15 t/m 64 jaar. Volgens het CBS heeft 22% van deze groep een oplei-dingsniveau op hbo-niveau of hoger. In jouw steekproef blijken 304 perso-nen dit opleidingsniveau te hebben. Is deze steekproef voldoende represen-tatief? Verklaar je antwoord.

12. Je trekt een steekproef van 2000 personen uit de Nederlandse bevolking en je wilt op de variabele leeftijdsgroep controleren of de steekproef voldoende representatief is. Je wenst een betrouwbaarheid van 95%. Van CBS Statline haal je deze tabel:

Bevolking naar leeftijd				
0-19 jaar	20-39 jaar	40-64 jaar	65-79 jaar	80 jaar of ouder
3.933.585	4.233.861	5.846.526	1.840.607	631.208

In jouw steekproef zitten 736 personen tussen de 40 en de 65 jaar. Gebruik de chi-kwadraattoets om te beoordelen of je steekproef voldoende represen-tatief is.

13. LuxDus BV wil de behoefte aan koelkastjes voor in de auto onderzoeken. Daartoe trekt zij een systematische steekproef van 1000 Nederlandse huis houdens met een jaarinkomen boven de € 30.000,-. Volgens het CBS heeft 3,4% van die huishoudens 3 auto's of meer, 33,7% had twee wagens en 57,2%

hield het op één auto. In de steekproef vond de onderzoeker 411 huishoudens met twee of meer auto's. Beoordeel de representativiteit met behulp van de chi-kwadraattoets.

14. Van de 16.500.000 Nederlanders vallen er 6.747.000 in de welstandsklasse AB1. In een steekproef van Nederlanders ($n = 1500$) blijken 605 personen bij AB1 te horen. Beoordeel de representativiteit op dit kenmerk.

15. Stel dat je een representatieve, voldoende grote steekproef van cursisten van jouw school hebt getrokken om een mening te onderzoeken. Bedenk een variabele waarop je de representativiteit kunt toetsen.

8.3   Non-respons en representativiteit

Een goede steekproef getrokken? Dan kun je toch nog voor vervelende verrassingen komen te staan. Respondent vertrokken, telefoonnummer bestaat niet meer, respondent wil niet meewerken, of wil bepaalde vragen niet beantwoorden. Bij goed steekproefonderzoek ben je op dit soort dingen voorbereid.

Bij het enquêteren of interviewen kunnen vertekeningen ontstaan. Dat zijn waarnemingsfouten. Er zijn ook *niet-waarnemings*fouten, die hebben te maken met de steekproef. Het zijn vertekeningen in de resultaten doordat je een deel van de elementen in de steekproef niet kunt bereiken; of doordat je juist personen bereikt die niet in de steekproef thuishoren. Het gaat dus om het 'niet waarnemen' van dingen die je volgens het onderzoeksplan wel waar had moeten nemen.

niet-waarnemings-fout

Net als waarnemingsfouten verminderen niet-waarnemingsfouten de *validiteit* (geldigheid) van je onderzoek. Als je niet volledig hebt gemeten wat je wilde meten, zijn de resultaten minder valide.

Niet-waarnemingsfouten kunnen ontstaan door fouten in het steekproefkader. Dat is het deel van de populatie waaruit je de steekproef trekt. Zulke fouten kunnen ontstaan door vervuiling van het bestand, waardoor er mensen in zitten die niet (meer) bij de doelgroep horen. Dat kan bijvoorbeeld door verhuizingen komen of door wijzigingen in de omstandigheden van een huishouden. Dit zijn *kaderfouten*. Het is ook mogelijk dat het steekproefkader niet goed is samengesteld, waardoor het niet goed klopt met de populatie van

kaderfout

dekkingsfout

de doelgroep. Ook daardoor bereik je mensen die niet bij de doelgroep horen; en juist te weinig van de mensen die wél bij de doelgroep horen. Dit zijn *dekkingsfouten.*

non-respons

Door zulke fouten is de steekproef minder representatief voor de doelpopulatie. Maar ook al zijn het steekproefkader en de steekproeftrekking prima in orde, toch kan de representativiteit in gevaar komen door *non-respons*. Dat bestaat uit het percentage van de steekproefelementen waarvan je geen informatie hebt gekregen, of te weinig.

- *Unit* non-respons (of eenheid-non-respons) bestaat uit het percentage steekproefelementen dat helemaal niet meewerkt aan het onderzoek. Dat kan door weigering of door onbereikbaarheid.
- *Item* non-respons ontstaat als een percentage van de respondenten op een bepaalde vraag (item) niet kon of wilde antwoorden.

Een hoge non-respons kan zo veel vertekening opleveren, dat je het hele onderzoek in de prullenbak kunt gooien.

Voorbeeld

Je hebt een enkelvoudige steekproef van 1000 personen getrokken om merkbekendheid te meten. De respons blijkt op 50% te liggen, dus de unit non-respons was 50% ofwel 500 van de 1000. Uit de antwoorden blijkt dat de merkbekendheid 90% is, dus bij 450 van de 500 respondenten was het merk bekend. Hoe groot is de merkbekendheid nu echt?

In het ene uiterste is de merkbekendheid bij de non-respondenten 100%. Daarmee komt de merkbekendheid op 95% (450 + 500 personen van de 1000). In het andere uiterste is de merkbekendheid bij de non-respondenten 0 en kom je op 45%.

Je komt dus op een merkbekendheid tussen de 45% en de 95%, en bij die marge komt ook nog de nauwkeurigheidsmarge. Voor zo'n resultaat begin je niet eens aan een onderzoek!

weging

In principe is het mogelijk om de vertekening, die ontstaat door non-respons, weer uit te vlakken door weging. Daarbij verdeel je de steekproef achteraf alsnog in subgroepen (dat heet poststratificatie). De respondenten in subgroepen waarin veel non-respons was, tellen dan zwaarder mee, waardoor de steekproef toch weer wat representatiever wordt. Er bestaan nog meer statistische wegingsmethoden.

Om een indruk te geven van responsproblemen: de opbouw van de steekproef bij de Leefbaarheidsmonitor in Leiden. De methode was de telefonische enquête.

bruto steekproef	8.250
geen telefoonnummer bekend	2.497
niet gebruikt, want al voldoende adressen in district	855
telefoonnummer klopt niet/bestaat niet meer enz.	417 –
gebeld (zonodig tot 3 keer)	4.481
geen contact tot stand gekomen	1.592
weigeringen	670
afgebroken interview	22 –
medewerking	2.197

Een klein deel van de resultaten van de weging:

	steekproef	populatie Leiden	na weging
man	41%	49%	49%
vrouw	59%	51%	51%

Bron: Gemeente Leiden

steekproefgrootte en non-respons

Om te kunnen wegen moet de steekproef wel een stuk groter zijn dan het minimum volgens de formule: als je minstens 1200 elementen moet hebben en je verwacht een non-respons van 40%, dan moet de steekproefgrootte zijn

$$\frac{1200}{60} \times 100 = 2000 \text{ (de } \textit{bruto} \text{ steekproefgrootte)}$$

Dan houd je er 1200 over die antwoord geven (de *netto* steekproefgrootte). Je kunt namelijk nog zo goed wegen, als het aantal respondenten onder de minimale steekproefomvang ligt is er niet genoeg kans voor elk element van de doelpopulatie om in de steekproef te zitten. Daardoor zou de steekproef toch niet voldoende aselect zijn.

Om achteraf te kunnen indelen in subgroepen heb je bovendien vragen over *hulp*variabelen nodig, zoals leeftijd, inkomen, geslacht, gezinstype, enzovoort. Die variabelen hoeven niets met het onderzoek zelf te maken te hebben. Als je dan ook nog beschikt over een bestand van de populatie met de kenmerken van die hulpvariabelen, dan kun je de steekproef achteraf indelen in subgroepen en kun je dus wegen naar hulpvariabelen om de non-respons te corrigeren. Het CBS werkt bijvoorbeeld met een Sociaal statistisch bestand met hulpvariabelen. Bureau Intomart GfK heeft hiervoor een Mini Census.

selectieve non-
respons

Als de non-respons toevallig bepaald is, kun je met een grotere steekproef en met weging nog wel corrigeren. Helemaal vervelend wordt het als de non-respons *selectief* is. Dat wil zeggen dat de reden waarom een deel van de mensen geen antwoord geeft iets te maken heeft met je onderzoeksvragen.

Mensen werken in het algemeen eerder mee aan een onderzoek als ze maatschappelijk geïnteresseerd zijn en als ze op de een of andere manier belang hebben bij het onderwerp. Zo merkte het CBS bij het Onderzoek verplaatsingsgedrag (ook van belang voor het bereik van buitenreclame) dat er veel non-respons was onder mensen die zich weinig verplaatsen. Bij het Woningbehoefte-onderzoek gaven mensen die weinig verhuizen vaak 'niet thuis'. Bij de Gezondheidsenquête waren mensen met gezondheidsproblemen oververtegenwoordigd en aan het nationaal kiezersonderzoek werkten te weinig mensen zonder politieke belangstelling mee. Het blijkt ook dat de neiging tot respons kleiner is, naarmate de maatschappelijke positie van een respondent minder goed is.

Selectieve non-respons vertekent niet alleen het onderzoeksresultaat, het hele karakter van je steekproef wordt erdoor aangetast: de steekproef is niet meer representatief voor de doelpopulatie. Dit verschijnsel is extra geniepig doordat niets in het normale onderzoeksresultaat je ervoor waarschuwt. Om selectieve non-respons toch te kunnen ontdekken, heb je vragen over hulpvariabelen nodig die van belang zijn voor het onderzoek. Dat moeten vragen zijn waaruit je kunt afleiden bij welke deelgroep van je doelpopulatie een respondent hoort. Dat kunnen vragen zijn over de sociale of economische situatie van het gezin (heeft u een eigen woning, heeft u recht op huurtoeslag, vragen naar inkomensklasse of autobezit).

Een voorwaarde is wel dat je de verdeling van die hulpvariabele over de hele populatie kent. Dan kun je achteraf testen of er een sterk verband is tussen respons en die hulpvariabelen, bijvoorbeeld met de chi-kwadraattoets. Als dat zo is, dan heb je een sterke aanwijzing voor selectieve non-respons. Als de chi-kwadraat niet boven de kritieke waarde uitkomt, kun je ervan uitgaan dat de non-respons niet afhangt van kenmerken die met je onderzoek te maken hebben.

Voorkomen is beter dan genezen. Naast het opnemen van hulpvariabelen in de vragenlijst kun je maatregelen nemen om de respons rate te verhogen.

Gewoon harder aandringen blijkt niet genoeg te zijn om de selectieve non-respons te verminderen. Het CBS probeerde het bij het Onderzoek verplaatsingsgedrag door aan mensen die zich weinig verplaatsen goed uit te leggen dat juist ook hun bijdrage belangrijk was voor het onderzoek. Dit bleek voor een deel te werken. Als mensen het gevoel hebben dat ze hun kostbare tijd nuttig besteden, werken ze eerder mee. Een andere tactiek is om het onderwerp niet zo duidelijk te noemen en bijvoorbeeld de vragenlijst te beginnen met meer algemene vragen. Je kunt mensen ook een aantrekkelijke premie in het vooruitzicht stellen als ze meewerken. Het helpt als de enquêteurs mensen prettig benaderen en voldoende sociale vaardigheden hebben om hen te stimuleren mee te werken.

Als je uit ervaring weet op welke variabelen je non-respons kunt verwachten, kun je ook meteen beginnen met een gestratificeerde steekproef (die is verdeeld in subgroepen). Als je daarin de steekproeven van de subgroepen zo groot maakt, dat ze ook gecorrigeerd voor non-respons voldoende groot zijn, wordt het een stuk makkelijker om met het probleem om te gaan. Aan de andere kant zijn gestratificeerde steekproeven duurder en ingewikkelder om te analyseren; maar dat geldt net zo goed voor het omgaan met non-respons.

Opdrachten

16. a. Wat is een niet-waarnemingsfout?
    b. Welke drie soorten kun je onderscheiden?
    c. Waarnemingsfouten, niet-waarnemingsfouten en steekproeffouten (gebrek aan nauwkeurigheid en betrouwbaarheid) horen allemaal bij de *meet*fouten. Wat zijn meetfouten?
    d. Wat hebben meetfouten te maken met de validiteit van de resultaten?

17. a. Wat is het verschil tussen unit non-respons en item non-respons?
    b. Bedenk twee mogelijke oorzaken voor item non-respons.

18. a. De minimale steekproefomvang is 1000 en je verwacht een niet-selectieve non-respons van 20%. Hoe groot moet de bruto steekproef minstens zijn?

b. De minimale steekproefgrootte is 2100 en je verwacht een niet-selectie-ve non-respons van 30%. Hoe groot moet de bruto steekproef minstens zijn?

c. Leg uit waarom deze maatregel niet voldoende is om de representativi-teit te waarborgen, als de non-respons selectief blijkt te zijn.

19. Je wilt onderzoeken hoeveel autorijders hun muziek op een USB-stick of geheugenkaart meenemen. Uit eerder onderzoek weet je dat deze proportie waarschijnlijk tussen de 30% en 40% ligt. Je wilt een nauwkeurigheids-marge van 5% met 95% betrouwbaarheid en je verwacht een niet-selectieve non-respons van 25%. Hoe groot moet de steekproef (bruto) zijn?

20. a. Aan welke voorwaarden moet een steekproefonderzoek voldoen, wil je non-respons kunnen corrigeren door middel van weging?

b. Op welke manier kun je selectieve non-respons op het spoor komen?

21. a. Je moet onderzoek doen naar consumentenvoorkeuren over hagelslag. Van welke marktsegmenten zou je selectieve non-respons verwachten en waarom?

b. Bedenk twee maatregelen om die non-respons te voorkomen.

c. Met welke maatregelen kun je het makkelijker maken om achteraf voor de non-respons te corrigeren?

8.4   Samenvatting

In een *aselecte* steekproef heeft elk element van de populatie evenveel kans om getrokken te worden. Heb je een volledig bestand van de populatie, dan kun je een *enkelvoudige* steekproef trekken met behulp van de computer of toevalsta-bellen, of een *systematische* steekproef, bijvoorbeeld om de 100 adressen eentje trekken. In een *gestratificeerde* steekproef verdeel je de populatie eerst in homo-gene subgroepen, daarna trek je per subgroep een steekproef. Bij *proportioneel* stratificeren zijn subgroepen evenredig in de steekproef vertegenwoordigd. Bij *disproportioneel* stratificeren geef je de ene subgroep een grotere weging dan de andere.

Zonder bestand kom je uit bij iets minder betrouwbare methoden: de *random-walk* methode of een *cluster*steekproef. Die laatste kent een *eentraps* variant (alleen steekproef van clusters en dan alle elementen ondervragen). Als je uit elk cluster een steekproef trekt ben je bezig met de *tweetraps* variant. Bij een *gebieden*steekproef (*area* steekproef) trek je achtereenvolgens steekproeven van gemeenten, straten en huisnummers.

Een *niet-aselecte* steekproef is niet representatief. Toch worden *gemaks*steekproeven wel gebruikt voor een eerste indruk of verkennend onderzoek. Bij een *quota*steekproef moeten enquêteurs respondenten selecteren, daardoor krijgt die het karakter van een *beoordelings*steekproef.

Om de representativiteit van een steekproef te controleren kun je de *chi-kwadraattoets* gebruiken. Dat is een statistische toets waarmee je kunt vaststellen of het verband tussen twee of meer variabelen toevallig kan zijn of niet. Je vergelijkt de waargenomen met de verwachte waarden. Op grond daarvan bereken je X^2. Je moet ook het aantal vrijheidsgraden vaststellen. Als de X^2 boven de kritieke waarde (bij een bepaald niveau van betrouwbaarheid) uitkomt, is het verband niet toevallig. Je toetsingsresultaat is dan *significant*, en je verwerpt de *nulhypothese* (de veronderstelling dat het verband toevallig is). Met zo'n statistische toets kun je fouten in de steekproeftrekking op het spoor komen.

Non-respons is één van de niet-waarnemingsfouten. Het maakt de onderzoeksresultaten minder representatief en minder nauwkeurig. Als de non-respons niet selectief is en je hebt er van tevoren rekening mee gehouden bij de steekproefgrootte, is het mogelijk om ervoor te corrigeren. Daarvoor zijn wel hulpvariabelen en een bestand van de populatie nodig. Corrigeren is veel moeilijker bij *selectieve* non-respons, waarbij het niet antwoorden samenhangt met kenmerken die voor het onderzoek van belang zijn. Ook om selectieve non-respons vast te stellen zijn hulpvariabelen nodig. Om de respons te verhogen kun je mensen het gevoel geven dat het nuttig is om mee te werken.

8.5 Begrippen

Aselecte steekproef	Elk element uit de populatie heeft evenveel kans om in de steekproef te zitten.
Beoordelingssteekproef	Niet-aselecte steekproef waarbij de enquêteur bepaalt wie er bij de steekproef horen.
Chi-kwadraattoets	Statistische toets om de sterkte van het verband tussen twee (of meer) variabelen te testen.

Clustersteekproef	Steekproef waarbij de populatie in clusters wordt verdeeld. Aselect worden clusters getrokken.
tweetrapscluster	Per getrokken cluster wordt een aselecte steekproef getrokken.
Enkelvoudige steekproef	Aselecte steekproef waarbij elementen uit de hele populatie gekozen worden op basis van het toeval.
Gebiedensteekproef (area steekproef)	Aselecte steekproef waarbij na elkaar een steekproef van gemeenten, straten en huisnummers getrokken wordt.
Gemakssteekproef	Niet a-selecte steekproef die bestaat uit personen die makkelijk te bereiken zijn.
Gestratificeerde steekproef	Men splitst de populatie in verschillende homogene groepen en neemt uit elke groep een aselecte steekproef.
Kritieke waarde	Als de uitkomst van een statistische toets hieronder ligt, kan bij het gegeven betrouwbaarheidsniveau het verband tussen de variabelen toevallig zijn.
Kruistabel	Tabel waarin je de frequenties van minstens twee verschillende variabelen kruist.
Niet-waarnemingsfout	Vertekening in het onderzoeksresultaat doordat een deel van de steekproefelementen niet bereikt worden; of doordat elementen bereikt worden die niet in de steekproef thuishoren.
Non-respons	Het percentage van de steekproefelementen waarvan je geen informatie hebt gekregen of te weinig.
selectieve ~	de non-respons hangt samen met een kenmerk dat voor het onderzoek van belang is.
Nulhypothese	Veronderstelling dat een bepaald verband toevallig is. Met een statistische toets kun je de nulhypothese verwerpen of bevestigen.
Quotasteekproef	Niet-aselecte steekproef waarbij de enquêteurs vastgestelde aantallen (quota) elementen moeten zoeken, die aan bepaalde kenmerken voldoen.
Random-walk methode (random route, start-adressenmethode)	Manier van steekproef trekken waarbij de enquêteurs aselect getrokken startadressen krijgen toegewezen en daarna (al dan niet systematisch) elementen van de doelpopulatie zoeken.
Significant resultaat	Resultaat van statistische toetsing waarbij je de nulhypothese verwerpt.
Systematische steekproef	Aselecte steekproef waarbij volgens een bepaalde systematiek elementen uit een volledig bestand van de populatie getrokken worden.

9 Gegevensverwerking en analyse

9.1   De onderzoeksopzet

In hoofdstuk 1 kwam je de onderzoeksopzet al tegen. In de tussenliggende hoofdstukken heb je de kennis opgedaan waarmee je zo'n opzet kunt maken. De eerste fasen van het marktonderzoeksproces zijn:

- de probleemstelling (vraagstelling en onderzoeksdoel);
- de informatiebehoefte precies in kaart brengen;
- bureauonderzoek voor zover er secundaire gegevens te vinden zijn.

Daarna kom je bij de vraag of er nog informatie ontbreekt en of het de kosten waard is om veldonderzoek uit te (laten) voeren. Als dat zo is, kom je toe aan het opstellen van een onderzoeksopzet (of marktonderzoeksplan). Meestal noem je de eerste versie een onderzoeks*voorstel*: je moet het nog voorleggen aan de marketingmanager en collega's. Pas na goedkeuring krijgt het de status van een plan dat uitgevoerd moet worden.

Onthoud	In de *onderzoeksopzet* beschrijf je:

In de *onderzoeksopzet* beschrijf je:
- de overblijvende probleemstelling (*vraag* of vragen plus *doel*);
- het *soort* onderzoek dat nodig is:
  - beschrijvend, verkennend of verklarend;
  - kwantitatief of kwalitatief;
- de onderzoeks*methode*;
- de te onderzoeken *populatie*;
- de methode van *steekproef*trekking;
- de *tijds*planning en organisatie;
- de *begroting* (na goedkeuring wordt die het budget).

Niet in elke onderzoeksopzet vind je al deze elementen. Als je bijvoorbeeld op de zakelijke markt een heel kleine doelgroep hebt, kom je terecht bij volledig onderzoek en hoef je dus niets te schrijven over een steekproeftrekking.

Alweer een paar jaar geleden zag Betty Smart dat de fastfoodmarkt snel verzadigd raakte, en niet alleen van de vetzuren. De groei van de grote burgerketens stagneerde. Maar fastfood moet toch zeker een grote markt blijven en zelfs nog flink groeien, dacht Betty: steeds meer mensen zijn druk met de 24-uurs economie. Tegelijk zag ze in Azië ketens opkomen met gezonde fastfood, zoals snelle tofuhapjes.

Betty begon een eigen zaak: SmartFood Queen. De bedrijfsformule keek ze af van andere fastfoodketens: een vlekkeloze logistiek, een niet al te groot assortiment en snelle zelfbediening in schone verkooppunten. De inrichting werd strak maar met kamerplanten en warme kleuren: een tikje meer upmarket dan gebruikelijk op deze markt. Het besteedbaar inkomen groeit tenslotte ook, analyseerde Betty. Ze heeft inmiddels vier eigen vestigingen plus acht franchisenemers. De bezoekers zijn tot nu toe vooral werkende mensen van 25 tot 45 jaar met een wat hogere opleiding.

Yangtung Lee, de marketingmedewerker, heeft de SWOT-analyse afgerond en brengt nu de losse eindjes in kaart. Eén daarvan is dat de onderneming te weinig zicht heeft op haar markt:
- marktsegmenten en beeldvorming: we weten alleen bij benadering welke marktsegmenten nu bediend worden. We hebben informatie nodig over:
  - jongeren: welke segmenten zijn er, wat zijn hun voorkeuren, wat is hun smaak en wat zijn hun motieven op het gebied van fastfood. De vraag is of onze formule bij hen aan kan sluiten.
  - 25 - 45 jaar: welke segmenten bereiken we nu precies?
- zakelijke markt: behoefte aan catering onderzoeken. Sluit ons aanbod op die behoefte aan?

Yangtung ging eerst aan de slag met bureauonderzoek. Via de website van het CBS stelde hij de omvang van de verschillende leeftijdsgroepen vast en ook ruwweg de deelname aan verschillende opleidingsniveaus. Op de site van de Rabobank vond hij bij cijfers en trends dat mensen steeds vaker buitenshuis eten, en dat de aandacht voor gezondheid daarbij toeneemt.

Bij het kenniscentrum horeca vond hij het Trendrapport Horecaconsument.

Hieruit bleek dat voor jongeren van 14 tot 25 jaar vooral het 'avondje uit' belangrijk is bij horecabezoek. Zij zien horecagelegenheden vooral als ontmoetingsplek. De disco, snackbar, shoarmazaak en fastfoodrestaurant scoren bij deze doelgroep hoog. Jongeren gaan van alle leeftijdsgroepen het vaakst uit eten. Het bedrag dat zij daarbij besteden ligt gemiddeld een stuk lager dan bij hogere leeftijden.

Ook oudere leeftijdsgroepen tot 44 jaar eten relatief vaak fastfood, maar die zijn minder vaak in de snackbar of shoarmazaak te vinden. Zij geven per keer uit eten een stuk meer uit. Hoe ouder de klant, hoe belangrijker gezelligheid en sfeer worden. Hoe meer een klant verdient, hoe meer die een gevarieerd assortiment en kwaliteit op prijs stelt. 55-plussers blijken vooral te letten op bereikbaarheid, rust en sfeer. Zij eten relatief weinig fastfood.

Uit het tijdsbestedingonderzoek van het SCP (www.scp.nl/Onderzoek/Tijdsbesteding) maakt hij op dat de tijd die besteed wordt aan uitgaan zo ongeveer constant blijft. De tijd die mensen besteden aan buitenshuis eten tussendoor en in lunchpauzes is daar helaas niet uit op te maken. Ook besluit hij, in overleg met de manager, om gegevens te kopen van het panelonderzoek van marktonderzoeksbureau AdZ over trends in voorkeuren op het gebied van uitgaan en vrije tijd. Daaruit maakt hij op dat 'gezond' wel steeds belangrijker wordt, ook bij jongeren, maar dat het lang niet altijd duidelijk is wat nou precies gezond is.

Na overleg besluit het bedrijf om de senioren als onderzoekspopulatie niet aan te pakken. Het veranderen van gewoonten is bij deze groep geen kleinigheid, het is beter om de huidige doelgroep nog beter te leren kennen en daarmee mee te groeien. Daarnaast wil men wel meer zicht op de mogelijkheden om jongeren als doelgroep binnen te halen. Yangtung stelt dus een onderzoeksopzet op.

Onderzoeksopzet SmartFood Queen

I Probleemstelling
a. Vraagstelling:
    – Wat zijn de voorkeuren, smaak en motieven van jongeren op het gebied van fastfood?

- Zijn er verschillende segmenten te ontdekken binnen deze doelgroep, die samenhangen met die voorkeuren, smaak en motieven?
- Is het mogelijk om met onze formule bij deze doelgroep aan te sluiten, zonder andere klanten te verliezen?

b. Onderzoeksdoel:

Bovenstaande vragen op zo'n manier beantwoorden, dat de resultaten representatief zijn en conclusies opleveren die geschikt zijn als basis om te beslissen of wij marketinginitiatieven kunnen richten op (een deel van) de doelgroep van 14 t/m 24 jaar.

II Onderzoek

We hebben onderzoek nodig dat het antwoord op deze vragen zo concreet mogelijk beschrijft en dat hardere cijfers oplevert dan alleen vage trends. Daarom kiezen we voor een enquête. Om de vragen zo concreet mogelijk te kunnen stellen, nodigen we alle respondenten uit voor een persoonlijk gesprek, onder het genot van een maaltijd in één van onze vestigingen. Daarmee is niet alleen een aantrekkelijke incentive ingebouwd, maar kunnen we tegelijk de reactie op onze formule observeren. Respondenten mogen een introducé meenemen.

III Populatie en steekproef

De leeftijdsgroep van 14 t/m 24 jaar bestaat uit 2,25 miljoen potentiële klanten. Gezien de methode van onderzoek willen we alleen steekproeven nemen in de twaalf regio's waar we op het moment vestigingen hebben. Daardoor is de steekproef niet representatief voor Nederland als geheel. Dat is geen bezwaar, omdat we toch geen plannen hebben voor de buitengebieden. Ook voor de steden zal de steekproef niet geheel representatief zijn, omdat de twaalf regio's niet bij toeval bepaald zijn. Aan de andere kant hadden onze vestigingskeuzen niets te maken met variabelen bij deze doelgroep. Dit nadeel is dus gering en weegt daarom niet op tegen de voordelen van de locatie van de interviews.

Per stad en aangrenzende gemeenten laten we door onderzoeksbureau AdZ (dat over een volledig adressenbestand beschikt) een aselecte steekproef trekken uit de groep 14 t/m 24 jaar. Bij een nauwkeurigheidsmarge van 5%, betrouwbaarheid van 90% en non-respons van 30% is een bruto steekproef van 390 personen nodig. Deze betrouwbaarheid is acceptabel, want het gaat niet om het exact voorspellen van het mogelijke marktaandeel, maar allereerst om het vinden van mogelijkheden om deze doelgroep binnen te halen. Dit komt op 33 adressen per stad. Ik stel voor 40 adressen per stad te nemen en er 7 achter de hand te houden voor onvoorziene omstandigheden.

IV Uitvoering

Behalve de steekproeftrekking voeren we dit onderzoek zelf uit. Dat heeft als bijkomend voordeel dat onze eigen medewerkers ook gevoelsmatig ervaring opdoen met de doelgroep. Respondenten krijgen een uitnodiging met een voorstel voor een tijdstip en het verzoek om contact op te nemen (gratis telefoonnummer). We plannen de gesprekken zo dat er per vestiging twee mensdagen in gaan zitten (30 min. per gesprek, 24 gesprekken, plus uitloop).

Begroting:

steekproeftrekking AdZ	€ 800,-
enquêteren: 24 dagen marketingmedewerkers	p.m.
voorbereiding, verwerking, rapportage: 12 dagen	p.m.
telefoontijd herinneringen, afspraken ± 4 dagen	p.m.
580 voorbeeldmaaltijden + drankje	p.m.
580 promopetjes SmartFood Queen	€ 696,-
porto, kantoor- en telefoonkosten	€ 600,-

(p.m. staat voor 'pro memorie', deze kosten worden toch gemaakt en zijn intern bekend, maar moeten aan dit project toegerekend worden).

V Analyse

We voeren de gecodeerde antwoorden in in een datamatrix in een spreadsheet, dat we gebruiken voor het analyseren van de antwoorden en als basis voor diagrammen bij de rapportage. De meetniveaus zijn nominaal en ordinaal.

Bijlage: vragenlijst

Opdrachten

1. a. Wat is het verschil tussen een onderzoeksvoorstel en een onderzoeksopzet?
   b. Welk onderdeel van het voorstel verandert ook nog van naam?
   c. Waarom zet je in zo'n opzet de 'overblijvende' probleemstelling en niet gewoon de volledige probleemstelling?

2. Bekijk de resultaten van het bureauonderzoek.

   a. Geef aan waarom deze informatie nuttig is voor de beantwoording van de vraagstelling.

   b. Geef ook aan waarom met deze informatie de vraagstelling nog niet beantwoord kan worden.

3. Welk nadeel heeft kwalitatief onderzoek bij deze probleemstelling?

4. a. Welke twee elementen in deze opzet gaan ten koste van de representativiteit?

   b. Waarom neemt Yangtung deze nadelen toch voor lief?

5. Bereken het totale begrote bedrag, als het all-in uurtarief voor de benodigde medewerkers bij SmartFood Queen € 40,- is en de kostprijs van een sample maaltijd plus drankje € 3,25.

Groepsopdracht   6. Maak een onderzoeksopzet voor jullie tevredenheidsonderzoek over de schoolkantine (of een ander onderwerp dat je koos bij groepsopdracht 21 van hoofdstuk 4).

9.2   Coderen van variabelen

variabele

Je onderzoekt *variabelen*. Letterlijk zijn dat dingen die kunnen veranderen. Voorbeelden van variabelen zijn:

- de leeftijd van respondenten;
- het geslacht (man of vrouw);
- de mening over een maaltijd, enzovoort.

Met elke vraag (of observatie) onderzoek je dus een variabele. Daarbij heb je te *meetniveau* maken met verschillende *meetniveaus* (of schalen) die je al tegenkwam in hoofdstuk 4: nominaal, ordinaal, intervalschaal of ratioschaal. Leeftijd is een voorbeeld van een ratioschaal. Geslacht is nominaal. Als je een mening vat in een schaalvraag, is die ordinaal.

Bij 40 vragen en 400 respondenten krijg je in totaal $400 \times 40 = 16.000$ antwoorden. Bij het invoeren van deze gegevens in een statistisch programma of in een *datamatrix* spreadsheet, zet je ze in een grote *datamatrix*. Daarin zet je de antwoorden per respondent op een rij, in dit voorbeeld krijg je dus 400 horizontale rijen. De antwoorden, ofwel de *waarden* die de variabelen hebben aangenomen, zet je per variabele in één kolom. In dit voorbeeld krijg je dus 40 kolommen. Dat geeft 16.000 cellen om in te voeren.

Bij een steekproef van 2000 personen en 80 vragen zijn er dus 160.000 items in te voeren! Dat is een enorm karwei, waarbij ook nog eens (waarnemings) fouten kunnen optreden. Hoe handiger je dat organiseert en hoe meer je dat kunt automatiseren, hoe beter voor het budget en voor de juistheid van de resultaten. Er bestaat software om antwoorden in te lezen in de computer. Dat werkt het handigst met gesloten vragen, waarbij een antwoordmogelijkheid met potlood is zwartgemaakt.

Cijfers zijn makkelijker in een programma in te voeren dan woorden. Bovendien rekent het programma makkelijker met cijfers dan met woorden. In principe kun je ook statistische bewerkingen, zoals standaardafwijking of chi-kwadraat, uitvoeren op waarden die uit woorden bestaan. Excel kun je bij-voorbeeld laten tellen hoe vaak het woord 'oneens' is ingevoerd. Toch gaat het invoeren en het analyseren sneller en secuurder als je met getallen werkt. Dat maakt het wél extra belangrijk om de variabelen in te delen naar meetschaal. Anders zou je de fout kunnen maken om te gaan rekenen met nominale of ordinale waarden op manieren die het beter doen in een komische show ('vrouw' is het dubbele van 'man', of 'oneens' is vier keer 'eens').

Je geeft alle antwoordmogelijkheden een *code*, een getal. Het *coderen* van antwoorden is het omzetten van de verschillende antwoordmogelijkheden naar vaste, numeriek hanteerbare codes. Om later weer terug te kunnen zoeken wat een bepaalde code ook alweer betekent, maak je een *codeboek* aan. Daarin zet je per vraag een overzicht van de gebruikte codes en het bijbeho-rende antwoord in woorden.

De vragen zelf nummer je ook. Daarnaast is het bij het invoeren verstandig om ook elk antwoordformulier, dus elke respondent, een nummer te geven. Dat maakt het mogelijk om de invoer te controleren. Je neemt bijvoorbeeld een steekproef van cellen, je neemt de originele antwoordformulieren erbij en je gaat na of de code klopt met het ingevulde antwoord. Ook als je invoerfouten tegenkomt, zoals een nummer dat helemaal niet in het codeboek staat, kun je nog terugzoeken.

Een klein deel van Yangtungs vragenlijst.
"ENQ." staat voor enquêteursinstructie.

1.   Kende je SmartFood Queen al van naam?
        □ Ja
        □ Nee
        ENQ: als Nee: ga naar vraag 4.

2.   Waar kende je ons van dan?
        □ langs gelopen of geweest
        □ van adverteren
        □ via via
        □ anders of weet niet meer

3.   Heb je al eens bij ons gegeten?
        □ ja, vrij vaak
        □ ja, soms
        □ ja, één keer
        □ nee, nooit
....

16.   ENQ: niet vragen! gewoon aankruisen
        Vrouw of man?
        □ Vrouw
        □ Man

17.   In welk jaar ben je geboren? ....

Het bijbehorende deel van het codeboek:

Vraagnummer	Variabele	Meetniveau	Antwoord	Code
1	naamsbekendheid	nominaal	ja	1
			nee	2
			geen antwoord	9
2	bron naamsbekendheid	nominaal	vraag 1 = nee	0
			gezien/geweest	1
			adverteren	2
			via via	3
			anders	4
			geen antwoord	9
3	al bij ons gegeten?	ordinaal	vraag 1 = nee	0
			vrij vaak	1
			soms	2
			1 keer	3
			nooit	4
			geen antwoord	9
16	sekse	nominaal	vrouw	1
			man	2
			geen antwoord	9
17	leeftijd	ratio	getal	1990-2000
			geen antwoord	89

In het computerprogramma kun je de 'terugvertalingen' van de codes invoeren. De code voor 'geen antwoord' is nodig om item non-respons in te kunnen voeren. Uit gewoonte gebruikt men daar het getal 9 voor, maar het zou net zo goed een ander vast getal kunnen zijn. Bij schriftelijke enquêtes kun je item non-respons uitsplitsen in 'onleesbaar' en 'geen antwoord', dan heb je twee codes nodig voor ontbrekende antwoorden. Als het aantal antwoordmogelijkheden 9 of meer is, kun je code 99 gebruiken voor ontbrekende waarden.

item non-respons

Cellen leeg laten doe je niet, dat zorgt alleen maar voor verwarring. Als een vraag wordt overgeslagen, omdat er is geselecteerd in een filtervraag, heb je een code nodig voor 'niet van toepassing'. Daarvoor gebruikt men meestal code 0 (zoals bij vragen 2 en 3 in het voorbeeld).

niet van toepassing

Het is een goede gewoonte om een vragenlijst al te coderen voordat je aan de proefenquête begint. Coderen dwingt je namelijk om goed over een vraag en de mogelijke antwoorden na te denken. Als je twee dingen tegelijk vraagt, kom je bijvoorbeeld in de knoop met de codes en kun je de vraag nog splitsen.

Opdrachten

7. a. Geef een voorbeeld van een variabele.
    b. Welk meetniveau heeft de variabele van jouw voorbeeld? Geef aan waarom.
    c. Geef voorbeelden van de waarden die deze variabele aan kan nemen.
    d. Verklaar waarom de gegevensverwerking moeizaam zou verlopen als je die waarden niet zou coderen.

8. a. Wat is een codeboek?
    b. Waarom is het belangrijk om per variabele ook het meetniveau aan te geven?

9. Welke voordelen heeft het automatisch kunnen inlezen van antwoorden?

10. Welke problemen kun je krijgen als je vergeet codes op te nemen voor 'item non-respons' en 'niet van toepassing'?

Groepsopdracht

11. Codeer de vragen van de vragenlijst die jullie opstelden bij opdracht 21 van hoofdstuk 4 en stel het codeboek samen.

9.3   Analyse met de datamatrix

In de rest van dit hoofdstuk ga je aan de slag met onderzoeksresultaten. Vroeger werden die verwerkt met kaartenbakken, maar tegenwoordig doet geen weldenkend mens dat met de hand. Je hebt dus een pc nodig. Er bestaan statistische programma's die speciaal ontwikkeld zijn voor het verwerken en analyseren van onderzoeksresultaten. Een voorbeeld daarvan is SPSS, dat veel gebruikt wordt voor de analyse bij grotere onderzoeken. De aanschaf van zo'n programma en het leren werken ermee lonen alleen de moeite als je regelmatig zelf aan kwantitatief onderzoek doet. Hier werk je met Excel, waar je toch al bekend mee bent. Ook met Excel kun je prima statistische analyses uitvoeren.

Je gaat werken met de ingevulde datamatrix van het jongerenonderzoek van SmartFood Queen. De linkerbovenhoek ziet er zo uit:

	A	B	C	D	E	F	G	H	I	J	K	L	M	N	O	P	Q
1		variabelen			waar eet je graag?						prior. 1	prior. 2	avontuur	pittig	drink	kreet	maaltijd
2	resp. nr.	1	2	3	4-0	4-1	4-2	4-3	4-4	4-5	5	6	7	8	9	10	11
3	1	1	1	3	-	1	-	3	4	-	3	4	2	2	3	1	1
4	2	2	0	0	-	1	-	3	-	5	6	1	2	3	1	3	3
5	3	1	4	2	-	-	-	-	-	5	3	4	1	1	3	1	1
6	4	1	2	4	-	1	2	3	4	5	3	2	1	1	3	1	1
7	5	2	0	0	-	1	-	-	4	5	3	2	1	1	3	1	1
8	6	1	2	4	-	1	-	3	4	-	2	5	1	1	3	1	1

Figuur 9.1

Opdracht

12. ▪ Op www.Practicx.nl staan aanvullende bestanden bij dit hoofdstuk. Haal daar de vragenlijst van SmartFood Queen op. Dan kun je volgen welke vraag bij welke kolom hoort.

▪ Haal ook het bestand SmartData.xlsx op en open dit in Excel. In het eerste blad vind je het codeboek, in het tweede de ingevulde datamatrix. Verken eerst rustig de vragenlijst en de manier waarop de kolommen van de matrix zijn ingevuld, om een beetje thuis te raken in deze getallenbrij.

▪ De gegevens van respondent 276 zijn nog niet ingevoerd. Dat moet jij dus nog doen. Ga naar cel B278 (met F5 of een paar keer Ctrl + ↓). Scroll nog een eindje naar beneden, zodat ook de rijen van de "Teller" in beeld zijn. Kijk bij het invoeren wat er bij de Teller gebeurt.

De gegevens van respondent 276 (die we natuurlijk anoniem laten):

1 Kent de naam, 2 langs gelopen,

3 nog nooit daar gegeten.

4 Snackbar, fastfoodrestaurant, restaurant.

5 Lekker, 6 Hoe het eruit ziet

7 Is avontuurlijk, 8 Beetje, niet te scherp

9 Om het even, 10 Slim

11 Erg lekker, 12 Heel aantrekkelijk

13 Gaat wel, 14 Heel lekker

15 Aan de hoge kant, 16 Vrouw, 17 1995

18 Dagopleiding, 19 Universiteit, 20 Universitair

21 Woont bij ouders, 22 Goed zoals het is.

a. Bekijk de formule die in de velden van de Teller gebruikt is. Wat kun je regelen met de functie Aantal.Als()?

- Ga naar cel W310 en laat Excel het gemiddelde geboortejaar berekenen. De formule is =gemiddelde() met het bereik tussen haakjes, maar je kunt ook de knop Functie invoegen gebruiken (*fx*: categorie Statistisch, Gemiddelde).
De uitkomst is net iets meer dan 1995, dus de gemiddelde leeftijd van de respondenten was ruim 19 jaar (het onderzoek is uitgevoerd in de lente van 2014).
- Laat in W311 de standaarddeviatie van de leeftijd berekenen. Klik op de knop Functie invoegen, kies Statistisch en dan STDEVA. Voer bij Getal1 het hele gegevensbereik van de jaartallen in, bij Getal2 niets. Deze spreidingsmaat komt op ruim 3 jaar.

standaardafwijking   Met STDEVA bereken je de standaardafwijking binnen een *steekproef*. Als je met Excel de standaarddeviatie voor een complete populatie wilt berekenen, gebruik je STDEVPA.

De matrix is nu compleet en je kunt beginnen met het analyseren van de resultaten. Een deel daarvan kun je direct aflezen op de "Teller"-rijen onder de matrix: daar vind je de frequentieverdelingen van de antwoorden, zowel absoluut als procentueel. Een deel daarvan kan straks met een betere vormgeving zó het onderzoeksrapport in.

In cel Q297 lees je bijvoorbeeld dat 51% van de jongeren de maaltijd heel lekker vond. Daaronder zie je dat nog eens 36% de maaltijd redelijk vond. Slechts 4% vond het niet lekker (nauwkeurigheidsmarge 5%, betrouwbaarheid 90%). Dat is een prachtig resultaat! Gewoon veel reclame op die jongeren richten en ze komen vanzelf wel. Wacht even, er waren nog wel wat bedenkingen over de sfeer en over de prijs. Als je iets lekker vindt, loop je nog niet vanzelf de deur plat. En er zijn ook nog concurrenten. Dus nog steeds moet je proberen de vraagstelling van het onderzoek te beantwoorden: bij welke groepen jongeren kan de SmartFood Queen-formule goed aansluiten? Zijn er misschien verbanden te ontdekken met het opleidingsniveau? Of met het opleidingsniveau van de ouders? Met de naamsbekendheid?

Opdrachten   13 a Zoek het percentage naamsbekendheid op.
b. Tussen welke percentages kan de naamsbekendheid in werkelijkheid, in de hele populatie liggen (met andere woorden, wat is het schattingsinterval)?

14. a. Hoeveel procent van de respondenten heeft al eens bij SmartFood Queen gegeten?

b. Hoeveel procent van de respondenten die de naam al kenden is meerdere malen bij SmartFood Queen over de vloer geweest?

Voor die laatste vraag moet je al een beetje gaan puzzelen. Er zijn ook veel onderzoeksvragen die je helemaal niet uit de opgetelde gegevens kunt halen. Als je op zoek bent naar het verband tussen opleidingsniveau en de waardering voor het eten en voor de saladebar, kom je voor de vraag: hoe haal ik dat in vredesnaam uit die cijfermassa? Je kunt toch niet voor al dat soort vragen met een lineaaltje gaan zitten tellen? Gelukkig kun je het antwoord op zulke *filteren* vragen uit de datamatrix laten rollen door die te *filteren*: je filtert dan bepaalde gegevens uit een kolom weg. De werking van een filter in Excel lijkt sterk op een query op een database in Access. Ook dat is een gerichte selecteeractie.

Opdracht

15. ■ Zet de cursor in cel A1 (Home). Kies Gegevens, Filter. Er verschijnt een klein uitrolpijltje boven elke kolom met een variabele.
Excel herkent dus de structuur van de datamatrix. Het programma behandelt de kolommen met waarden als *lijsten* of *databases*.

■ Klik op het uitrolpijltje naast variabele 1 (in cel B2). Zet het filter voor deze kolom op 1 (kende de naam al). Daarna heeft het uitrolpijltje een filtericoon, en de rijnummers zijn blauw. Dat betekent dat een deel weg is gefilterd, in dit geval alle rijen van respondenten die de naam van tevoren niet kenden.

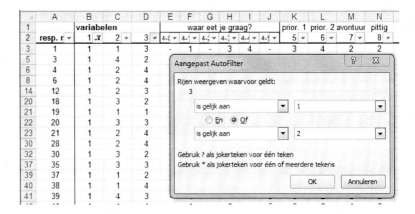

Figuur 9.2

- Klik op het filterpijltje naast variabele 3. Zet de cursor op Getalfilters en kies Is gelijk aan. Je krijgt het venster Aangepast AutoFilter. Zorg dat alleen die rijen worden weergegeven waarin variabele 3 gelijk is aan 1 Of gelijk is aan 2 (vrij vaak of soms gegeten bij SmartFood Queen). Klik op OK.

Alle rijen die in kolom 3 niet de waarde 1 of 2 hebben zijn weggefilterd. Eigenlijk had je niet op variabele 1 hoeven filteren: als dat een 2 is (naam onbekend) staat variabele 3 vanzelf op 0. Maar voor de zekerheid kan het geen kwaad, er zou ook een 9 tussen kunnen zitten.

- Selecteer het bereik A1:D277 van de gefilterde matrix (vanaf rij 1 maar zonder de telgegevens) en kopieer dat naar cel A1 van een leeg werkblad (Blad1).
  a. Hoeveel respondenten heb je eruit gevist? Klopt dit met je antwoord op opdracht 14.b.?
- Ga terug naar de gefilterde datamatrix. Ga naar cel V1 en selecteer de gefilterde kolom van de variabele sekse. Kopieer die naar blad 1 naast de kolommen die er al staan (vanaf cel E1).
- Ga in Blad1 naar cel E32 en klik op de knop Functie invoegen (*fx*). Kies categorie Statistisch, AANTAL.ALS, klik op OK. Sleep het venster van die functie naar rechts, zodat je kolom E kunt zien. Selecteer E30 t/m E3 (of andersom).
- Bij het criterium typ je 1. Klik op OK. Je ziet dat er 16 dames in deze selectie zitten. Blijf in cel E32 en druk op F2 om de formulebalk actief te maken. Loop met de cursor naar de verwijzing naar E3 en druk op F4 om die absoluut te maken (met $-tekens). Doe dat ook met E30. Druk op Enter.
- Kopieer dan de formule naar cel E33. Druk op F2 en verander het criterium in 2, druk op Enter. Van de 28 respondenten die al klant waren zijn er 12 man.

Zouden vrouwen een sterkere voorkeur hebben voor het aanbod van SmartFood Queen dan mannen? De verdeling tussen de seksen in de steekproef is vrijwel fiftyfifty (zie de Teller-rijen in kolom V van de datamatrix), dus op grond van het toeval zou je 14 om 14 verwachten. Is er een statistisch verband? Ook voor zulke analyse kun je statistische tests toepassen, zoals de chi-kwadraattoets. De chi-kwadraat voor dit geval is:

$$\frac{(16-14)^2}{14} + \frac{(12-14)^2}{14} = 0,57$$

Er is 1 vrijheidsgraad (twee cellen min een). De kans dat er een verband is tussen sekse en de kans dat iemand SmartFood Queen gaat eten is niet erg betrouwbaar; amper meer dan 50% (zie onderstaande tabel). Verder speuren dus naar statistische verbanden die SmartFood Queen kunnen helpen bij de marketing.

kritieke waarde X^2										
	aantal vrijheidsgraden									
	1	2	3	4	5	6	7	8	9	10
50%	0,46	1,39	2,37	3,36	4,35	5,35	6,35	7,34	8,34	9,34
80%	1,64	3,22	4,64	5,99	7,29	8,56	9,80	11,03	12,24	13,44
90%	2,71	4,60	6,25	7,78	9,24	10,65	12,02	13,36	14,68	15,99
95%	3,84	5,99	7,82	9,49	11,07	12,59	14,07	15,51	16,92	18,31
98%	5,41	7,82	9,84	11,67	13,39	15,03	16,62	18,17	19,68	21,16
99%	6,64	9,21	11,34	13,28	15,09	16,81	18,48	20,09	21,67	23,21
99,9%	10,83	13,28	16,27	18,46	20,52	22,46	24,32	26,12	27,88	29,59

(De linker kolom met percentages heeft het bijschrift: betrouwbaarheid)

Opdracht

16. ■ Een verband met opleiding misschien? Ga weer naar de datamatrix en kopieer de gefilterde kolom Y met de opleidingswaarden naar Blad1, cel F1. Maak in cel G32 de aantal.als-formule om te tellen hoeveel vmbo-leerlingen (1) van de respondenten er al klant bij SmartFood Queen zijn. Maak de verwijzingen absoluut en kopieer 5 keer naar beneden. Wijzig de criteria voor schooltypen 2 t/m 6. Maak in G38 een SOM-formule om te controleren of het totaal op 28 komt.

■ Nu het aantal verwacht per opleidingstype. Zet de cursor in cel H32. Typ = en klik daarna op het blad datamatrix. Ga naar cel Y297 en klik daarop (daar staat hoeveel procent van alle respondenten op het vmbo zit). Typ dan * voor vermenigvuldigen en typ 28. Druk op enter.

■ Herhaal dit voor de overige vijf onderwijstypen. Controleer je uitkomsten met het voorbeeldschermpje.

		waargenomen	waargenomen	verwacht
31				
32	vrouw	16	2	3,652173913
33	man	12	5	6,188405797
34			5	7,710144928
35			7	4,057971014
36			5	4,057971014
37			4	2,333333333
38			28	28

Figuur 9.3

Het lijkt op het eerste gezicht alsof er een verband is: er zijn onder de klanten minder mensen met een vmbo-, havo- of mbo-opleiding dan verwacht, en juist meer met een vwo-, hbo- of wo-opleiding. Het probleem is alleen dat een selectie van 28 respondenten wel erg klein is om statistische uitspraken op te kunnen baseren. Bovendien geldt er nog een regel voor het toepassen van de chi-kwadraattoets. De chi-kwadraattoets is niet toepasbaar als er lege cellen zijn (of waarden kleiner dan 1) of als 20% of meer van de verwachte frequenties kleiner is dan 5.

Onthoud

Chi-kwadraattoets
Niet toepasbaar als:
- er lege cellen zijn (of waarden kleiner dan 1);
- 20% of meer van de verwachte frequenties kleiner is dan 5.

Bij het berekenen van X^2 deel je namelijk een kwadraat door een verwachte waarde. Als die verwachte waarde heel klein is, zorgt die ervoor dat de chi-kwadraat extra uitschiet naar boven. Dat zou de toets onbetrouwbaar maken. In dit geval zijn 2 van de 6, dus $\frac{1}{3}$ van de verwachte frequenties kleiner dan 5. Je kunt de chi-kwadraattoets dus niet toepassen. Je zou de chi-kwadraattoets toch nog kunnen gebruiken als je cellen samenvoegt, maar dat gaat weer ten koste van de precisie. Je hebt meer kans bij het verband tussen het lekker vinden van de maaltijd (een grote hoeveelheid respondenten) en het opleidingsniveau.

Opdrachten

17.
   - Ga naar het blad datamatrix en hef de filters op: klik in het menu Gegevens op de knop Filter. De rijnummers worden weer zwart en er zijn geen rijen meer verborgen.
   - Zet het filter weer aan en filter kolom Q met variabele 11 op 1 (erg lekker). Kopieer deze gefilterde kolom (zonder het tellerdeel) naar cel A1 van Blad2. Controleer of je 140 respondenten hebt (t/m rij 142).
   - Kopieer uit het blad datamatrix de gefilterde kolom van variabele 19 (opleiding) naar kolom B van Blad2.
   - Verzorg in cel B144 de AANTAL.ALS formule om te tellen hoeveel respondenten met een vmbo-opleiding SmartFood Queen erg lekker vonden. Maak de celverwijzingen weer absoluut, kopieer vijf keer door en pas de nummers aan, zodat je voor alle 6 onderwijstypen telt. Controleer

met een SOM-formule in cel B150 of het totaal op 140 respondenten komt.

- In cel C144 bereken je het verwachte aantal vmbo'ers dat de maaltijd erg lekker vond als er geen statistisch verband zou zijn (=datamatrix!Y297* Blad2!$B$150). Vul uit en controleer of de 6 verwachte waarden samen op 140 komen.
- Bereken in D144 de waargenomen waarde als percentage van de verwachte waarde (B144/C144), zet de weergave op procentnotatie. Vul uit en controleer met het voorbeeldscherm.

142	1	6			
143					
144	11	18,26087	60%	2,88706	0.0004426
145	24	30,94203	78%	1,5574857	22,383489
146	29	38,55072	75%	2,3661382	
147	33	20,28986	163%	7,9619979	
148	22	20,28986	108%	0,1441408	
149	21	11,66667	180%	7,4666667	
150	140	140		22,383489	

Figuur 9.4

Relatief veel meer van de respondenten met wo-opleiding vonden de maaltijd erg lekker dan van de respondenten met een vmbo-opleiding. Alle verwachte waarden zijn 5 of groter, dus nu kun je de chi-kwadraattoets gebruiken om de sterkte van het verband te testen.

- Zet in cel F144 de formule =(B144−C144)^2/C144.
  (^gebruik je in Excel voor machtsverheffen, dus ^2 is een kwadraat).
  Vul deze formule uit voor alle zes onderwijstypen. Tel de zes uitkomsten op met de knop AutoSom. Je krijgt een chi-kwadraat van 22,38.
  De kruistabel van waargenomen frequenties staat in B144:B149. Er is één kolom met zes cellen. Er zijn dus (6 − 1) = 5 vrijheidsgraden. In de tabel met de kritieke waarden vind je bij 5 vrijheidswaarden en 99,9% betrouwbaarheid een kritieke waarde voor X^2 van 20,52. In dit geval is chi-kwadraat nog iets groter, dus je hebt een heel sterk statistisch verband gevonden. In Excel kun je X^2 in twee stappen berekenen: eerst CHIKW.TEST en dan CHIKW.INV.RECHTS.
- Ga naar cel H144 en klik op de knop Functie invoegen. Kies Statistisch, CHIKW.TEST. Geef bij Waarnemingen de waargenomen frequenties uit de kruistabel op en bij Verwacht de verwachte. Klik op OK. Controleer je antwoord met het voorbeeldscherm.

- Roep in cel H145 de functie CHIKW.INV.RECHTS op. Bij Kans verwijs je naar cel H144 en het aantal vrijheidsgraden is 5. Klik op OK.

Zeker bij een grote kruistabel gaat de berekening op deze manier veel sneller.

18. a. Kopieer uit het blad datamatrix de gefilterde kolom Z van variabele 20 (opleiding ouders) naar C1 van Blad2. Test of er een statistisch verband is tussen het opleidingsniveau van de ouders en het erg lekker vinden van SmartFood Queen. Let op, er zijn voor de ouders meer onderwijstypen gecodeerd. De chi-kwadraat moet uitkomen op 14,75.
    b. Met hoeveel procent betrouwbaarheid kun je stellen dat er een verband is tussen deze twee variabelen? Vergelijk deze uitkomst met het verband met de opleiding van de respondenten zelf. Welk gevolg heeft het opleidingsniveau van de ouders voor de marketingmix van SmartFood Queen?

9.4   Kruistabellen en diagrammen

In de datamatrix zit heel veel informatie. De kunst is alleen om die eruit te halen. Bij het zichtbaar maken en presenteren daarvan gebruik je vooral tabellen en diagrammen. Je hebt al gewerkt met kruistabellen. Je kunt ook de frequenties van de waarden van meerdere variabelen in een kruistabel laten zien. Daarna kun je alsnog met verwachte en waargenomen frequenties testen hoe sterk het verband is.

variabele
- onafhankelijke

- afhankelijke

In Blad2 onderzocht je het verband tussen opleidingsniveau en de mening over de maaltijd. Daarbij kruiste je de *onafhankelijke* variabele 19 (opleiding) met de *afhankelijke* variabele 11 (mening over de maaltijd). De onafhankelijke variabele wordt als vaststaand gezien (die opleiding stond allang vast) en de afhankelijke als het punt wat daar iets mee te maken kan hebben.

draaitabel

Met Excel kun je snel een kruistabel in elkaar zetten. In dit programma heet een kruistabel een *draai*tabel. Je kunt daarbij alle verschillende waarden van twee variabelen tegelijk kruisen (daarnet kruiste je van variabele 11 alleen waarde 1, heel lekker).

Opdracht

19. ■ Zet de cursor linksboven in het blad datamatrix. Hef eerst het filter op. Kies daarna in het menu Invoegen, groep Tabellen, Draaitabel. Excel herkent de datamatrix en doet maar gelijk een voorstel voor het gegevensbereik: $A$2:$AB$278. Dat klopt. Verder stelt Excel voor om de tabel in een nieuw werkblad te zetten. Dat is inderdaad het handigste. Klik op OK.

   ■ Je bent aangeland in Blad3 met een lege draaitabel. Rechts in beeld staat een lijst met velden. Die stellen de databases (kolommen) met variabelen voor. De nummers zijn de nummers van de variabelen op rij 2 van de datamatrix. Die velden ga je gebruiken om de tabel samen te stellen. Sleep eerst de schuifbalk rechts van dat venster voor Velden kiezen omlaag, zodat de vragen 11 en 19 allebei goed in beeld zijn.

   ■ Zet een vinkje voor de 11. In de tabel krijg je een totaal van 462, terwijl er maar 276 respondenten zijn.

   ■ Klik op het uitrolpijltje naast Som van 11, in het vlak Σ-waarden rechtsonder. Kies Waardeveldinstellingen en zet die op Aantal, klik op OK. Daarna is je totaal 276.

   ■ Ga in het veldenvenster nog eens naar 11. Pak dat vast met de muisknop ingedrukt, en sleep het naar beneden, naar het vlak Kolomlabels. Sleep daarna veld 19 (opleiding) naar het veld Rijlabels. Rechtsonder moet het er nu zo uit zien:

Figuur 9.5

In de draaitabel zelf staan nu de codes voor opleidingsniveau in de voorkolom (op de rijlabels), en de codes voor de mening over de maaltijd in de kolomkoppen.

- Sleep het nieuwe Blad3 rechts van Blad2. Nu de tabel nog fatsoeneren.
- Als je in een cel gaat staan en op F2 drukt, kun je de tekst wijzigen. Vertaal alle codes terug naar woorden (zie codeboek). In cellen die je leeg wilt maken, voer je twee spaties in. Dubbelklik op de koppen van de kolommen om die breed genoeg te maken.
- Als de cursor in de draaitabel staat, verschijnt op het lint Hulpmiddelen voor draaitabellen. Bij Ontwerpen kun je een mooie opmaak kiezen.
- Zet de titel in A2 en centreer die over de kolommen (knop samenvoegen en centreren, zie voorbeeldscherm).

	A	B	C	D	E	F
1						
2		**Mening over de maaltijd, naar opleidingsniveau**				
3						
4	**Opleiding**	**heel lekker**	**redelijk**	**matig**	**niet lekker**	**Eindtotaal**
5	vmbo	11	15	6	4	36
6	havo	24	23	11	3	61
7	mbo	29	34	9	4	76
8	vwo	33	6		1	40
9	hbo	22	18			40
10	wo	21	2			23
11	**Eindtotaal**	**140**	**98**	**26**	**12**	**276**

Figuur 9.6

Nu een tabel ernaast met de waarden die je zou verwachten als er geen verband tussen deze twee variabelen zou zijn. Ook dat gaat sneller dan je denkt.

- Selecteer het bereik B4:F11 van de kruistabel en kopieer dat naar H4. Zet de cursor in cel H5 en typ =. Ga naar het blad datamatrix en zet de cursor op het percentage vmbo-opleidingen (cel Y297). Typ *, ga weer naar Blad3 en klik op cel B11 (met het getal 140). Druk op enter. Klik een aantal keren op de knop Minder decimalen, tot je 18,3 krijgt.
- Blijf in H5 en druk op F2. Maak de verwijzing naar kolom Y absoluut (=datamatrix!$Y297).
- Kopieer de formule door naar beneden, tot en met cel H10 (gebruik de vulgreep).
- Kopieer de formule uit H5 naar rechts, naar cel I5. Druk op F2 en haal het hele stuk vanaf DRAAITABEL.OPHALEN weg. Klik op cel C11. Vul uit naar beneden. Herhaal dit recept in de volgende twee kolommen.
- Maak SOM-formules voor de verwachte waarden op rij 11. Daarmee kun je controleren of er geen fouten in deze tabel zitten.
- Maak ook de tabel met verwachte waarden mooi op.
- Ga naar cel B16, klik op de knop Functie invoegen en maak de CHIKW.

TEST voor de waargenomen en verwachte waarden, alléén voor 'heel lekker'. Maak op basis daarvan in B13 de functie CHIKW.INV.RECHTS. Je moet natuurlijk weer op een Chi-kwadraat van 22,38 komen.

- Kopieer B13:B16 naar C13.

a. Wat kun je concluderen over het verband tussen opleidingsniveau en het redelijk waarderen van de SmartFood Queen-maaltijd?

b. Welk probleem zou je krijgen als je deze formules ook naar kolommen D en E kopieert?

Mening over de maaltijd, naar opleidingsniveau						Verwachte waarden			
Opleiding ▾	heel lekker	redelijk	matig	niet lekker	Eindtotaal	heel lekker	redelijk	matig	niet lekker
vmbo	11	15	6	4	36	18,3	12,8	3,4	1,6
havo	24	23	11	3	61	30,9	21,7	5,7	2,7
mbo	29	34	9	4	76	38,6	27,0	7,2	3,3
vwo	33	6		1	40	20,3	14,2	3,8	1,7
hbo	22	18			40	20,3	14,2	3,8	1,7
wo	21	2			23	11,7	8,2	2,2	1,0
Eindtotaal	140	98	26	12	276	140,0	98,0	26,0	12,0

Chi-kwadraat	22,38	12,70
	df = 5, p < 0,001	df = 5, p < 0,05

Figuur 9.7

kruistabel

Voor kruistabellen gelden dezelfde eisen als voor alle tabellen, zoals een titel, kolomkopjes en omschrijvingen van de regels in de voorkolom. De onafhankelijke variabele zet je horizontaal, op de rijen. De afhankelijke variabele zet je verticaal uit in de kolommen. Dat heeft gelijk als voordeel dat Excel er snel een

presentatie

goede grafiek van kan maken. Bij de presentatie van onderzoeksgegevens maak je het je lezers zo makkelijk mogelijk: de informatie moet liefst in één oogopslag duidelijk zijn. Het is een goede gewoonte om geen absolute getallen te presenteren, maar percentages. Daarbij percenteer je *horizontaal*, zodat de rijen op 100% uitkomen.

Veel onderzoekers zetten de waarde van de chi-kwadraat onder de kruistabel. Dat gebeurt dan bijvoorbeeld zo:

$$X^2 = 22,38 \qquad df = 5 \qquad p = 0,001$$

De afkorting df staat voor *degrees of freedom* ofwel het aantal vrijheidsgraden. De p staat voor de kans dat het verband toevallig is. p is gelijk aan 100 min het percentage betrouwbaarheid; maar dan als gedeelte van het getal 1. Een p van 0,001 betekent dus hetzelfde als een betrouwbaarheidsniveau van 99,9%. Bij 95% krijg je een p van 0,05. Met zo'n klein regeltje onder je tabel bereik je dat lezers met kennis van statistiek je rapport sneller door kunnen lezen (die kunnen dan veel woorden overslaan).

Opdracht

20. ▪ Kopieer, nog steeds in Blad3, het bereik A4:F11 naar A18.
    ▪ Zet in B19 een kopieerbare formule voor horizontaal percenteren: =B5/$F5. Vul deze uit t/m B25 en dan t/m E25.
    ▪ In kolom F zet je geen procenten, want je zou toch steeds 100% krijgen (voor de controle is het wel goed om even te kijken of dat klopt). Kopieer na die controle F4:F11 naar F18. Verander de kop in *aantal (= 100%)*.
    ▪ Controleer met het voorbeeldscherm.

Mening over de maaltijd, naar opleidingsniveau					
Opleiding	heel lekker	redelijk	matig	niet lekker	aantal (=100%)
vmbo	31%	42%	17%	11%	36
havo	39%	38%	18%	5%	61
mbo	38%	45%	12%	5%	76
vwo	83%	15%	0%	3%	40
hbo	55%	45%	0%	0%	40
wo	91%	9%	0%	0%	23
totaal	51%	36%	9%	4%	276

Figuur 9.8

Met deze presentatie kan de lezer snel verticaal vergelijken tussen de verschillende opleidingstypen. Hij kan de percentages ook vergelijken met het gemiddelde percentage op de totaalregel onderaan. Bovendien kan hij in de rechterkolom zien om hoeveel respondenten het ging.

Bij het presenteren van je onderzoeksgegevens heb je de keus tussen tabellen of diagrammen. Hoe meer cellen een tabel bevat, hoe eerder je kiest voor een presentatie met een diagram. Een tabel met bijvoorbeeld twee regels en drie kolommen kan de lezer nog wel snel overzien. De tabel waar je nu mee bezig bent, heeft zes regels, dat kost al meer leestijd. Een diagram is dan makkelijker voor het overzicht. Op basis van een kruistabel zet je in een paar tellen een diagram in elkaar.

Opdrachten

21. ▪ Klik ergens in de draaitabel. Ga dan op het lint naar Invoegen, en kies bij Grafieken de eerste mogelijkheid bij Kolom. Je krijgt een staafdiagram (in Excel heet dat kolomdiagram).
    ▪ Klik ergens in het diagram met de rechter muisknop. Kies Grafiektype en daarin de 100% gestapelde kolom (dat heet officieel een relatief staaf-

diagram). Je ziet nu de meningen procentueel verdeeld over de respondenten per onderwijstype (de werkbalk Draaitabel kun je naar rechts slepen).

- Druk op Ctrl + Z (ongedaan maken) en je hebt weer het gewone staafdiagram. Klik op het uitrolpijltje '11' bij de legenda en zorg dat alleen waarde 1 (heel lekker) is aangevinkt. Klik op OK. Nu heb je een gefilterd diagram van die 140 respondenten die de maaltijd echt wisten te waarderen. Druk weer op Ctrl + Z.
- Klik ergens in je grafiek. Ga op het lint naar Hulpmiddelen voor draaigrafieken, Indeling, Grafiektitel. Verzorg de titel.
- Zorg met de keuze Astitel voor een bijschrift bij de y-as. Laat de legenda onderin zetten.

22. Met Excel kun je ook een combinatie van diagram en tabel maken.
- Ga naar Blad3 en selecteer het bereik A18:E24. Ga naar invoegen, Grafieken en kies subtype 1, gegroepeerde kolom.
- Verzorg de Grafiektitel.
- Ga bij Hulpmiddelen voor grafieken naar Indeling, Gegevenstabel, en voeg een gegevenstabel met legendasleutels toe. Haal daarna de oude legenda weg, want die is nu dubbelop.

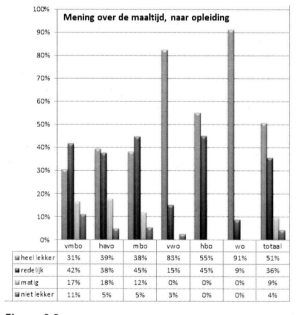

Figuur 9.9

Duidelijker kan het bijna niet, hoewel het heel strikt genomen beter zou zijn om het staafdiagram naast je oorspronkelijke procentuele kruistabel te zetten. De gegevenstabel van Excel zondigt namelijk tegen de regel dat de onafhankelijke variabele op de regels moet staan.

Een draaitabel heeft nog een extra mogelijkheid: je kunt de gegevens ook nog filteren voor een derde variabele. Dat regel je met het 'paginaveld' in de indeling van de draaitabel. Stel dat je het verband tussen opleiding en smaak alleen wilt weten voor respondenten die nog nooit bij SmartFood Queen gegeten hadden.

- Ga weer naar Blad3 met de draaitabel.
- Sleep rechts het veld van variabele 3 (al bij ons gegeten?) naar het vlak Rapportfilter.
- Het knopje 3 dat boven de draaitabel is verschenen staat op (alle). Klik op het uitrolpijltje, selecteer 4 (nog nooit daar gegeten) en klik op OK. Je hebt nu gefilterd voor 118 respondenten. Alle berekeningen zijn gelijk aangepast, ook de chi-kwadraten.
- Ga in het blad datamatrix naar de Teller-regels en controleer of er inderdaad maar 118 respondenten nog nooit bij dit restaurant over de vloer waren geweest.

Het getal klopt, maar die 100 personen met waarde 0 dan? Die kenden de naam niet eens, laat staan dat ze er geweest waren! Je moet er dus 218 in je kruistabel hebben.

- Pas het filter van variabele 3 aan. Vink Meerdere items selecteren aan, en selecteer antwoorden 0 en 4. Je krijgt de gewenste tabel.

23. Je gaat nog een draaitabel samenstellen, nu voor het verband tussen leeftijd en prijsbeleving.
    - Ga naar het blad datamatrix met de cursor in A1 en voeg een lege draaitabel in. Je komt in Blad4 terecht.
    - Zoek in het blad datamatrix de nummers van de variabelen leeftijd en mening over de prijs. Ga daarna weer naar het nieuwe Blad4.
    - Vink de variabele voor prijsbeleving aan. Verander meteen 'Som' in 'Aantal'.
    - Sleep die variabele ook naar het veld Kolomlabels.
    - Sleep de variabele voor leeftijd (geboortejaar) naar het veld Rijlabels.
    - Van jong naar oud leest prettiger dan van oud naar jong. Selecteer alle geboortejaren (A5:A15). Ga op het lint naar Start, en klik in de groep Bewerken op de knop Sorteren. Laat sorteren van hoog naar laag. De andere kolommen worden meegesorteerd.

- Ga naar G5 en laat het verwachte aantal respondenten berekenen dat in 2000 geboren is en dat de prijs echt te hoog vindt. Zet in die formule kolom W vast met een $. Vul uit (de geboortejaren in het Teller-deel van de datamatrix staan ook aflopend) en zorg voor SOM-formules ter controle.
- Zet de cursor in A5 en verander die 2000 in 14. Leeftijden lezen makkelijker dan geboortejaren. Doe dat voor de hele kolom.
- Verzorg de opmaak van je tabel.
- Bereken in cel B19 de chi-kwadraat voor het verband tussen leeftijd en 'echt te duur', maar neem in het bereik van de chikw.test niet de lege cel mee. Bereken in C19 de chi-kwadraat voor 'aan de hoge kant', hier kun je wel alle cellen meenemen. Vergelijk je resultaat met het voorbeeldscherm.

Prijsbeleving SmartFood, naar leeftijd					Verwachte waarden		
Leeftijd	te duur	hoge kant	redelijk	Eindtotaal	te duur	hoge kant	redelijk
14	16	11		27	7,8	15,3	3,9
15	12	14		26	7,5	14,7	3,8
16	15	10	1	26	7,5	14,7	3,8
17	6	19	1	26	7,5	14,7	3,8
18	11	14		25	7,2	14,1	3,6
19	6	18	1	25	7,2	14,1	3,6
20	3	21		24	7,0	13,6	3,5
21	5	14	5	24	7,0	13,6	3,5
22	4	16	4	24	7,0	13,6	3,5
23	2	11	12	25	7,2	14,1	3,6
24		8	16	24	7,0	13,6	3,5
Eindtotaal	80	156	40	276	80,0	156,0	40,0

chi-kwadraat 28,9 12,547029
df = 9, p < 0,001 | df = 10, p < 0,5

Figuur 9.10

24. a. Welk probleem krijg je bij het testen van het verband tussen leeftijd en de mening dat de prijs redelijk is?
   b. Beantwoord dezelfde vraag voor de mening dat de maaltijden goedkoop zijn.
   c. Welke conclusie kun je trekken op grond van de berekende chi-kwadraten?

Onthoud	Kruistabel

- onafhankelijke variabele op de regels/rijen
- afhankelijke variabele in de kolommen
- horizontaal percenteren (rijen komen op 100%)
- rijtotaal als absolute frequentie (= 100%)
- eventueel X^2 eronder (met vermelding df en p)

9.5   Samenvatting

Als de onderzoeksvraag na bureauonderzoek nog niet beantwoord is, maak je een onderzoeksvoorstel. Dat bestaat uit de overblijvende probleemstelling, de beschrijving van het soort onderzoek en de methode, de populatie en de manier van steekproef trekken, de tijdsplanning en organisatie, en de begroting. Na goedkeuring wordt het voorstel de onderzoeksopzet en de begroting het onderzoeksbudget.

Om enquêtevragen goed te kunnen verwerken is het nodig om ze van tevoren te *coderen*: je kent elke antwoordmogelijkheid (waarde) een cijfercode toe. In het *codeboek* geef je aan wat de cijfers betekenen. Ook geef je per vraag of *variabele* aan wat het meetniveau is (nominaal, ordinaal, interval- of ratioschaal). Na het afnemen van de enquête voer je per variabele de waarden in in een programma met een *datamatrix* (variabelen in de kolommen, respondentnummers op de rijen).

Die matrix vormt de basis voor de gegevensanalyse. Je kunt er statistische bewerkingen op toepassen (zoals centrum- en spreidingsmaten) en je kunt er frequentieverdelingen en kruistabellen mee maken. Op basis van een kruistabel en verwachte frequenties kun je de sterkte van het verband tussen variabelen berekenen met de chi-kwadraattoets (behalve als er cellen leeg zijn of als 20% van de verwachte frequenties kleiner zijn dan 5). Op basis van de tabellen kun je diagrammen samenstellen. Hulpmiddelen voor het maken van kruistabellen in Excel zijn filters en draaitabellen.

In (kruis)tabellen zet je de waarden van de *onafhankelijke* variabele (die je als vaststaand ziet) op de regels of rijen, en de waarden van de *afhankelijke* variabele in de kolommen. Het is overzichtelijk om horizontaal te percenteren en tegelijk in de totaalkolom de absolute frequenties te zetten. De X^2 wordt vaak onder de kruistabel vermeld.

9.6 Begrippen

Coderen	Het toekennen van vaste, numeriek hanteerbare codes aan de waarden (antwoordmogelijkheden) die een variabele kan aannemen.
Codeboek	Overzicht van gebruikte codes per vraag en de bijbehorende antwoorden.
Datamatrix	Matrix met de variabelen in de kolommen en de respondenten op de rijen. In de cellen zet je de waarde die de variabele bij deze respondent had.
Draaitabel	Een kruistabel in Excel (met de extra mogelijkheid om te filteren op waarden van een derde variabele).
Variabele	Een duidelijk afgebakende deelvraag van het onderzoek.
afhankelijke ~	de variabele die iets te maken kan hebben met de onafhankelijke variabele.
onafhankelijke ~	wordt bij het onderzoeken van een verband als vaststaand gezien.

10 Rapportage

10.1   Indeling en inleiding

Onderzoek heeft weinig zin als je de resultaten niet makkelijk toegankelijk maakt voor het management en je medewerkers. Het is de bedoeling om beleid op die informatie te baseren. Overleg daarover is alleen mogelijk als alle deelnemers goed op de hoogte zijn. Er zijn verschillende mogelijkheden om de resultaten te presenteren.

- Een onderzoeks*rapport* is de meest complete vorm. Daarover gaat dit hoofd-stuk.
- Het is ook mogelijk om resultaten mondeling te presenteren; het liefst met behulp van een computerpresentatie, waarin je ook tabellen en grafieken kunt laten zien.
- Bij uitbesteed onderzoek verhoogt een compleet rapport de kosten. In dat geval kun je ook kiezen voor uitsluitend een *tabellenboek*: de verzame-ling van tabellen die laten zien hoe er op de vragen is geantwoord, plus de kruistabellen die verbanden laten zien. Je kunt dan eventueel zelf nog het rapport samenstellen.

indeling rapport

Er zijn verschillende manieren om een onderzoeksrapport in te delen. De indeling hangt ook af van de omvang van het onderzoek. Toch staat de indeling op grote lijnen vast.

- Een *titelpagina* staat netjes, zeker bij een wat dikker rapport.
- De *samenvatting* maak je wel op het laatst, maar je plaatst die aan het begin. Het rapport is van belang voor de manager, maar die heeft nog meer te doen. Met deze samenvatting maak je de resultaten en de conclusies snel toegankelijk. In het Engels heet zo'n samenvatting *executive summary* (een *executive* officer is een leidinggevende).
- Daarna volgt de *inhoudsopgave*, die laat zien *wat* de lezer in het rapport kan vinden en *waar*.

- In het *hoofdgedeelte* presenteer je de resultaten diepgaander. Dat deel kan bestaan uit:
  - een *inleiding*;
  - de beschrijving van de onderzoeks*methode*;
  - de onderzoeks*resultaten*;
  - *conclusies* en aanbevelingen.
- In *bijlagen* kun je alles kwijt wat wel van belang is, maar niet essentieel voor de hoofdtekst.

titelpagina

Een rapport van enige omvang bind je in met een kaft, dus ruimte voor een titelpagina heb je dan vanzelf. Daarop staat natuurlijk de *titel*, waarmee je zo kort en duidelijk mogelijk aangeeft waar het onderzoek over gaat. Eventueel kun je er nog een *ondertitel* onder zetten. Onderaan kun je de naam van de schrijver zetten of het bureau dat het onderzoek uitvoerde, de naam van je eigen bedrijf en het jaar waarin het onderzoek is uitgevoerd. Yangtung doet het zo (maar dan op A4-formaat).

Case

Onderzoeksrapport

SmartFood Queen voor leeftijdsgroep 14-24
enquêteresultaten

Yangtung Lee (afdeling Marketing)
SmartFood Queen bv
Maasdrecht, april 2014

samenvatting

Daarna komt de samenvatting, maar die maak je pas op het laatst. Een goede onderzoeks*samenvatting*:

- geeft de resultaten en conclusies kort maar *volledig* weer, zodat geen verwijzingen naar volgende onderdelen nodig zijn;
- maakt het onderwerp gelijk aan het begin duidelijk, zodat de lezer kan beslissen of hij verder wil lezen.

Case

Samenvatting

Het onderwerp van dit onderzoek bestaat uit smaak, voorkeuren en motieven van jongeren op het gebied van fastfood en ons aanbod, de vraag of er relevante segmenten in die groep bestaan en of onze formule bij hen aan kan sluiten zonder andere klanten te verliezen. De onderzoeksmethode was een enquête (face to face in onze restaurants) onder een representatieve netto steekproef van 276 respondenten in onze vestigingsplaatsen. De non-respons was 30%.

De naamsbekendheid bij de respondenten was 64%. Daarvan had $^1/_3$ al bij ons gegeten. Snackbar en (fastfood)restaurant zijn de populairste eetgelegenheden onder jongeren, maar een voorkeur voor uitsluitend fastfood gaat samen met negatieve waardering van SmartFood Queen. Toch vindt 51% onze maaltijd heel lekker en nog eens 36% redelijk. Ook de inrichting en de saladebar worden overwegend goed gewaardeerd. Tegelijk vindt maar 25% de sfeer echt prettig, de helft vindt die 'zo zo' en bijna een kwart waardeert die negatief. De prijsbeleving is overwegend 'aan de hoge kant'.

Er is een sterk verband met opleidingsniveau en waardering van ons aanbod: vwo- en wo-studenten scoren daar significant hoger op. De hoogste leeftijdsgroepen tillen het minst zwaar aan het prijsniveau, de laagste het meest. Een avontuurlijk zelfbeeld gaat meestal samen met een hoge waardering van ons aanbod.

Gezien de hoge voorkeur en de geringe naamsbekendheid moet het mogelijk zijn om deze doelgroep binnen te halen. Een hindernis daarvoor is nog de sfeer: we moeten die zó weten krijgen dat zowel de huidige doelgroep als jongeren zich er prettig bij voelen. Daar is nog kwalitatief onderzoek voor nodig. Als dat lukt, adviseren we op grond van deze onderzoeksresultaten om meer promotie op jongeren te richten met 'avontuur' in het thema, en om als vervolgstap verkoopacties op scholieren en studenten te richten met het accent op prijsbeleving.

Opdracht

1. a. Waarom is het belangrijk dat een onderzoekssamenvatting volledig is?
    b. Welke eisen kun je nog meer stellen aan dit onderdeel van de rapportage?

inhoudsopgave

Dan volgt de *inhoud* (je kunt er ook voor kiezen om de inhoudsopgave voor de samenvatting te plaatsen). De inhoud moet in één oogopslag de indeling van het rapport laten zien. De functie is niet alleen om de weg te vinden, maar ook om snel te zien uit welke onderdelen het rapport bestaat; welke structuur het heeft. Hoe duidelijker en korter je de titels van je hoofdstukken en bijlagen maakt, hoe overzichtelijker je inhoudsopgave wordt. De hoofdstukken geef je gewone nummers, de bijlagen nummer je met Romeinse cijfers.

Case

Inhoud

		blz.
	Samenvatting	1
1	Inleiding	5
2	Methode en uitvoering	6
3	Resultaten	8
4	Conclusies en aanbevelingen	16
	Bijlagen	
I	Resultaten bureauonderzoek	20
II	Vragenlijst	24
III	Overige tabellen en diagrammen	28
IV	Suggesties van respondenten	33

inleiding

De *inleiding* begin je het best met de *aan*leiding voor het onderzoek: waardoor kwamen jullie op het idee om dit onderzoek te houden? Je schetst de achtergrond van het onderzoek. Dat kan bijvoorbeeld de SWOT-analyse zijn of een probleem waar de onderneming plotseling tegenaan liep. Daarna herhaal je de *probleemstelling*. Vervolgens geef je heel in het kort de *rode draad* van het rapport aan. Je geeft de lezer daarin een overzicht; een korte routebeschrijving door het rapport.

Case

I Inleiding

Uit onze laatste SWOT-analyse bleek dat onze sterke punten (modern en uitgekiend productaanbod, snelle service, perfecte logistiek) in principe ook jongeren aan zouden moeten spreken. In de praktijk zien we de leeftijdsgroep van 14 t/m 24 jaar nog maar weinig over onze drempels komen. Na bureauonderzoek hielden we de volgende onderzoeksvragen over:

- Wat zijn de voorkeuren, smaak en motieven van jongeren op het gebied van fastfood?
- Zijn er verschillende segmenten te ontdekken binnen deze doelgroep, die samenhangen met die voorkeuren, smaak en motieven?

- Is het mogelijk om met onze formule bij deze doelgroep aan te sluiten, zonder andere klanten te verliezen?

Het doel was een representatieve beschrijving van de antwoorden op deze vragen te krijgen, om na te kunnen gaan welke marketinginitiatieven we voor (een deel van) deze doelgroep kunnen ontplooien. Het antwoord op het laatste deel van de derde vraag kunnen we pas vinden nadat we die initiatieven vormgegeven hebben.

We hielden een enquête onder een representatieve steekproef van 276 jongeren in de 12 vestigingsplaatsen. De interviews vonden plaats onder het genot van een samplemaaltijd in onze restaurants, waardoor we gelijk de reactie op het aanbod, de inrichting en de sfeer konden meten. Verrassend genoeg bleek ons eten bij een meerderheid heel goed aan te slaan. Toch vonden we andere verbanden die wijzen op de noodzaak van segmentatie. In dit rapport vindt u, na een verantwoording van de onderzoeksmethode en -uitvoering, een presentatie van de uitkomsten van de vragenlijst en relevante verbanden, gevolgd door de conclusies en aanbevelingen die we daaruit konden afleiden.

Opdracht

2. a. Wat was de aanleiding voor dit onderzoek?
   b. Waarom kan dit onderzoek geen antwoord geven op het laatste deel van de derde onderzoeksvraag?

10.2   De body van het rapport

onderzoeksmethode

In het volgende hoofdstuk (of paragraaf) beschrijf je de onderzoeksmethode en het 'waarom' van de keuze voor die methode. In dit hoofdstuk ligt de nadruk op de *operationele* kant van het onderzoek: op welke manier is de onderzoeksmethode precies toegepast? Welke *populatie* heb je onderzocht en hoe heb je daaruit een *selectie* gemaakt? Je legt ook *verantwoording* af voor de manier waarop het onderzoek is uitgevoerd: is de informatie wel representatief? Zitten er mogelijke vertekeningen in de resultaten (waarnemingsfouten, non-respons)? In dit hoofdstuk kun je ook evaluatie en terugkoppeling kwijt: verliep het onderzoek volgens de onderzoeksopzet? Zo niet, wat ging er mis en waardoor? Hoe kan het een volgende keer beter? Hoe verliep de samenwerking met het onderzoeksbureau?

2 Methode en uitvoering

We kozen voor de enquête als methode, omdat we behoefte hadden aan:

- antwoorden op een aantal vragen;
- zicht op de verdeling van de antwoorden binnen de populatie.

De populatie bestaat uit alle Nederlanders van 14-24 jaar, maar het steekproefkader hebben we beperkt tot deze leeftijdsgroep in onze 12 vestigingsplaatsen en aangrenzende voorsteden. Daardoor kunnen we de resultaten alleen als representatief beschouwen voor stedelijk Nederland. Dit nadeel namen we voor lief, omdat het voordeel van *face to face* interviews op locatie zwaarder woog. Vragen over ons aanbod aan mensen die het niet eens kennen, zouden anders nutteloze informatie hebben opgeleverd.

Onderzoeksbureau AdZ combineerde de adressenbestanden van de doelgroep in de 12 doelgebieden en trok daaruit met de computer een enkelvoudige aselecte steekproef van 396 personen (plus 84 extra voor onvoorziene omstandigheden). De verhoudingen tussen de aantallen per regio komen vrijwel overeen met de verhouding tussen de grootte van de hele doelgroep in die regio's. Ook de verhouding man-vrouw is vrijwel gelijk aan die in de populatie. We kunnen er dus van uitgaan dat deze steekproef representatief is voor de doelgroep in de 12 gekozen regio's.

Van de 396 uitgenodigde personen namen er 276 onze uitnodiging aan. Dat geeft een non-respons van 120 personen ofwel 30%. We hebben de resultaten hiervoor niet gecorrigeerd. Daardoor, en door de aard van de incentive (de maaltijd), zijn de uitkomsten maar voor 70% representatief. Het is aannemelijk dat onder de 30% die niet mee wilde werken, een veel kleiner percentage interesse in ons aanbod heeft dan onder de 70% die wel verscheen. Een voorbeeld: 87% van de respondenten vond de maaltijd redelijk tot heel lekker. Als *alle* non-respondenten de maaltijd niet lekker zouden vinden, kom je op een percentage van 60% in de populatie. De werkelijkheid ligt dan waarschijnlijk in de buurt van de 65%. Waar van toepassing is dit effect bij de resultaten vermeld.

Op grond van de steekproefomvang (276) kunnen de percentages in de populatie 5% naar beneden of 5% naar boven afwijken van de gevonden resultaten. De betrouwbaarheid van de resultaten is 90%.

Het onderzoek verliep binnen de tijdsplanning en binnen het gestelde budget. De respondenten kregen een promopetje mee. Kort na de afronding kregen we al aardig wat vraag naar deze petjes!

Opdrachten

3. De leeftijdsgroep 14-24 jaar bestaat volgens het CBS voor 50,89% uit mannen en voor 49,11% uit vrouwen. Bereken met behulp van de datamatrix en de X2 of Yangtungs bewering over representativiteit op dit punt klopt.

4. Reken voor hoe Yangtung op een percentage van 60% komt (voor 'heel lekker' plus 'redelijk' bij variabele 11) als geen van de non-respondenten zo'n maaltijd zou lusten.

5. a. Waarom zou een schriftelijke enquête voor dit onderzoek een hele slechte keuze zijn?
   b. In het onderzoek waren ook elementen van promotie ingebouwd. Welke? Welk effect verwacht Yangtung daarvan?

resultaten

Het stuk over de onderzoeksresultaten vormt de kern van je rapport. Daarin presenteer je de uitkomsten van het onderzoek en je gegevensanalyse. Je laat zien welke verbanden je gevonden hebt, die van belang zijn voor jullie marketing.

Case

3   Resultaten

Antwoorden op de vragen
64% van de respondenten gaf aan onze naam van tevoren al te kennen (als die 0% is bij de non-respondenten geeft dat minimaal 45%). Tabel 1 laat de bronnen van de naamsbekendheid zien. Ook is daaruit af te lezen dat ⅓ van degenen die onze naam al kenden, ook bij ons gegeten had. Het 'via via' horen blijkt de effectiefste manier om ook over de drempel te komen.

Tabel 1 Aantal malen bij ons gegeten, naar bron naamsbekendheid

Bron naamsbekendheid	Al bij ons gegeten?				
	Vrij vaak	Soms	1 keer	Nog nooit	Totaal (= 100%)
Langs gelopen/geweest	2%	6%	8%	84%	51
Van adverteren	0%	4%	17%	79%	75
Via via	13%	30%	28%	30%	40
Anders/weet niet	20%	20%	20%	40%	10
Totaal	5%	11%	17%	67%	176

Tabel 2 Voorkeuren voor soorten eetgelegenheden

Eet nooit buitenshuis	3%
Snackbar	74%
Cafetaria/broodjeszaak	10%
Fastfoodrestaurant	66%
Turkse pizza, roti, shoarma, enz.	33%
Eethuis/restaurant	71%

Bij de keuze van een eetgelegenheid scoort de overweging 'lekker' het hoogst, gevolgd door 'hoe het eruit ziet'. De prijs of grote porties staan bij zo'n 14% hoog op het lijstje, terwijl 'snel klaar' bij 16% prioriteit nummer 2 is. 'Gezond' scoort heel laag: voor 2% staat dat nummer 1 en voor 5% nummer 2.

We vroegen ook naar een aantal persoonskenmerken die van belang zijn bij de keuze van een eetgelegenheid.

Tabel 3 Persoonskenmerken (100% = 276)

Ben je avontuurlijk bij de keus van je eten?		Houd je van pittig?		Fris of alcoholisch bij je eten?		Hoe klinkt 'gezond en lekker' voor jou?	
Ja zeker!	38%	Ja	34%	Ja	5%	Slim	42%
Soms wel/niet	51%	Beetje	46%	Nee	27%	Modern	23%
Nee	11%	Nee	20%	Om het even	68%	Ouderwets	19%
						Tegenstrijdig	11%
						Weet niet	5%

De vragen over de waardering voor ons aanbod vormen de kern van het onderzoek. Het eten scoorde opmerkelijk goed. Zelfs al zou geen van de non-respondenten het lekker vinden, dan nog komen we minstens rond de 35% 'heel lekker' in de populatie; en voor 'heel lekker' plus 'redelijk' samen minstens rond de 60%. Ook de saladebar doet het uitstekend, al scoort die minder bij respondenten die uitsluitend snackbars en fastfoodrestaurants bezoeken. De prijsbeleving moet een punt van aandacht worden: de grote meerderheid vindt die hoog. Hoewel de mening over onze inrichting heel positief is, is de sfeerbeleving een stuk minder. Het aantrekkelijk maken van de restaurants voor meerdere leeftijdsgroepen kan een volgend punt van onderzoek worden.

Tabel 4 Waardering van ons aanbod (100% = 276)

Maaltijd		Salad bar		Prijsbeleving	
Heel lekker	51%	Heel lekker	69%	Echt te duur	29%
Redelijk	36%	Goed idee, niet mijn soort sla	17%	Aan de hoge kant	57%
Niet echt	9%	Houd niet van sla	13%	Redelijk	14%
Niet lekker	4%	Maakt het te duur	1%	Goedkoop	0%

		Inrichting		Sfeer	
		Heel aantrekkelijk	49%	Prettig	25%
		Gewoon prettig	39%	'Zo zo'	51%
		'Zo zo'	10%	Laat me koud	19%
		Voel me er niet prettig bij	2%	Niet op mijn gemak	5%

80% van de respondenten volgt een dagopleiding, 20% werkt. 79% woont bij de ouders. Van 36% kregen we suggesties. Een groot deel daarvan ging over de muziek. Bijlage IV geeft een overzicht hiervan.

Verbanden
Er blijkt een sterk verband te bestaan tussen opleidingsniveau en de waardering van onze maaltijd. Vooral jongeren met een vwo- of wo-opleiding zijn daar heel positief over. Bij respondenten met andere opleidingen zijn de meningen gelijkmatiger verdeeld tussen 'heel lekker' en 'redelijk'. Het verband met het opleidingsniveau van de ouders bleek minder sterk.

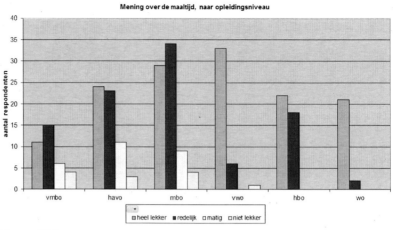

Figuur 10.1

De prijsbeleving laat een sterk verband zien met leeftijd: hoe jonger, hoe duurder men het aanbod vindt. Geen enkele respondent vond het aanbod goedkoop.

Tabel 5 Prijsbeleving naar leeftijdsgroep

leeftijd	te duur	hoge kant	redelijk	aantal (= 100%)
14 - 15	53%	47%	0%	53
16 - 17	40%	56%	4%	52
18 - 19	34%	64%	2%	50
20 - 21	17%	73%	10%	48
22 - 24	8%	48%	44%	73
totaal	29%	57%	14%	276

Opdrachten

6. a. Reken na hoe Yangtung op die 45% minimale naamsbekendheid komt.
   b. Maak zelf tabel 1 als draaitabel.
   c. De tabellen 3 en 4 zijn geen kruistabellen, maar frequentieverdelingen. Hoe zijn ze samengesteld?
   d. Maak zelf tabel 5 op basis van de draaitabel die je maakte in Blad4 van smartdata.xlsx.

7. Bekijk tabel 3 en vergelijk de percentages van de laatste twee deeltabellen met de tellerrijen van de datamatrix. Verklaar de afwijkingen en zoek uit waarom Yangtung dit zo geregeld heeft.

8. Het hoofdstuk over de resultaten is nog niet af. Help Yangtung met de volgende onderdelen:

    a. Het verband tussen opleidingsniveau en de mening over de inrichting.

    b. Het verband tussen sekse en de mening over de maaltijd.

    c. Het verband tussen een avontuurlijke instelling en de mening over de maaltijd.

    d. Het verband tussen een opleiding volgen of werken en de prijsbeleving. Maak kruistabellen en bereken de X^2 waar mogelijk (als alle cellen waarden bevatten van 5 of groter bereken je die voor het hele bereik tegelijk, let goed op het aantal vrijheidsgraden). Geef steeds aan of:

        - het resultaat belangrijk genoeg is om in het rapport te zetten;
        - hoe je het resultaat het best kunt presenteren (tabel of diagram).

        Verzorg ook de begeleidende tekst.

10.3   Conclusie en bijlagen

conclusie

Een goede *conclusie* is ook goed leesbaar voor iemand die alleen de inleiding heeft gelezen en geen tijd had voor de rest. Je vat het antwoord op de (hoofd)vraagstelling van het onderzoek kort samen en je gaat na wat de onderneming van het onderzoek kan leren. Soms is het ook nodig te vermelden op welke vragen er nog *geen* antwoord is gegeven. Je mag alleen maar conclusies beschrijven die gebaseerd zijn op het onderzoek; anders krijg je verwarring. De *aanbevelingen* baseer je op je conclusies. Aanbevelingen moeten vooral duidelijk zijn en uitvoerbaar.

Case

4   Conclusies en aanbevelingen

Jongeren blijken wel degelijk in meerderheid een voorkeur voor ons soort maaltijden te hebben. Hoe hoger het opleidingsniveau, hoe sterker de voorkeur. 'Gezond' komt daarbij als overweging amper aan bod, 'lekker' en het uiterlijk van de maaltijd doen het hem. Ook de inrichting slaat goed aan bij deze groep. De sfeer wordt minder goed ervaren, hoewel dat waarschijnlijk vanzelf al beter zou worden als we deze doelgroep vaker binnen zouden hebben. Jongeren die zichzelf avontuurlijk ingesteld vinden, hebben relatief meer waardering voor ons aanbod; jongeren die alleen maar snackbar en fastfoodrestaurant bezoeken relatief weinig. Of iemand naar school gaat of werkt heeft geen merkbare invloed op deze voorkeur. Wel ervaren jongere leeftijdsgroepen ons prijsniveau een stuk hoger dan oudere.

Tegelijk is de naamsbekendheid onder deze doelgroep nog slecht ontwikkeld. Op grond van de onderzoeksresultaten komen we tot deze aanbevelingen.

1 Kwalitatief onderzoek naar de mogelijkheden om de sfeer (vooral muziek) aantrekkelijk te maken voor verschillende leeftijdsgroepen tegelijk.

De overige aanbevelingen hangen af van een positieve uitkomst van de eerste.

2 Meer promotie richten op jongeren. In het thema het accent op avontuurlijk leggen.

3 Zodra die promotie begint te werken verkoopacties richten op scholieren, met het accent op de prijsbeleving.

Opdracht

9. a. Aan welke eisen voldoet een goede aanbeveling?

b. Verklaar waarom Yangtung voor de nog ontbrekende informatie kiest voor kwalitatief onderzoek. Bedenk een geschikte onderzoeksmethode voor deze vraagstelling.

c. Waarom maakt de schrijver aanbevelingen 2 en 3 afhankelijk van de eerste?

---

bijlagen

In de *bijlagen* neem je alles op wat wel van het belang is voor het onderzoek en de volledigheid, maar wat in de hoofdtekst minder belang heeft of de aandacht af zou leiden. Denk aan:

- een tabellenboek met de tabellen die niet aan bod kwamen;
- de complete vragenlijst;
- verwijzingen naar bronnen die je geraadpleegd hebt bij je bureauonderzoek, zo nodig een literatuurlijst.

Ook al staat de hoofdzaak niet in de bijlagen, de informatie is net zo goed belangrijk voor je presentatie. Je verzorgt ze dus net zo netjes als de rest.

Opdracht	10. a. Welke eisen kun je stellen aan bijlagen? b. Bedenk nog een onderwerp dat je in een bijlage op zou kunnen nemen.
Groepsopdracht	11. Voer jullie tevredenheidsonderzoek over de kantine (of ander gekozen onderwerp) uit. Maak daarna de datamatrix, analyseer de resultaten en verzorg de rapportage. Verdeel het werk per deeltaak, maar controleer en lees in elke fase elkaars werk. Als jullie tevreden zijn met het resultaat kun je het rapport publiek maken binnen de school. (Deze opdracht is het vervolg op opdracht 21 van hoofdstuk 4 en opdracht 6 van hoofdstuk 9).

Onthoud

Onderzoeksrapport:
- titelpagina
- samenvatting
- inhoud
- inleiding
- verantwoording methode
- resultaten
- conclusies en aanbevelingen
- bijlagen

10.4   Diagrammen

Bij de presentatie van onderzoeksresultaten maak je veel gebruik van tabellen en diagrammen (ofwel grafieken). Aan een goed opgemaakte tabel of diagram kan de lezer veel informatie tegelijk aflezen. Bij de tabellen gebruik je het meest frequentietabellen (zie tabellen 2, 3 en 4 in de voorbeeldcase) of kruis-tabellen.

lijndiagram

Bij tabellen zet je de onafhankelijke variabele in de voorkolom. In een diagram zet je die op de x-as. Een *lijndiagram* is vaak een goede keus om een ontwikkeling in de tijd te laten zien. De tijd staat dan op de x-as.

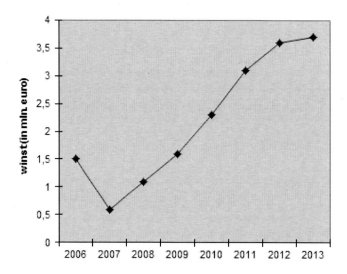

Profit & Able, winstontwikkeling

Figuur 10.2

Een diagram zet je in een zo vierkant mogelijk vlak. Als dat nodig is kun je de y-as wat langer maken dan de x-as, maar niet andersom. Je geeft het diagram een opschrift, ofwel een titel, en de variabelen op beide assen geef je een bijschrift (behalve als de waarden voor zich spreken, zoals jaartallen). Als je onderin een groot wit vlak krijgt, gebruik je een scheurlijntje: je knipt als het ware het onderste deel van de y-as er uit. Anders loopt je lijn te vlak en geeft die minder informatie. Normaal zet je de punten precies boven de waarden op de x-as. Alleen bij gemiddelden en bij tijdreeksen waarbij de waarde gedurende een periode tot stand komt, zet je de punt tussen twee waarden van de x-as (zoals in het voorbeeld). Bij twee of meer lijnen heb je een *samengesteld* lijndiagram. Je moet dan een legenda gebruiken om aan te geven welke lijn welke variabele voorstelt.

staafdiagram

Als er geen duidelijk rekenkundig verband tussen de variabelen is, kom je eerder terecht bij een *staaf*diagram. Op de x-as kunnen bijvoorbeeld merken staan, of opleidingsniveaus. Excel noemt het staafdiagram een kolomdiagram. Als je de staven horizontaal presenteert, heet dit in Excel staafdiagram. Een speciaal geval van het staafdiagram is het histogram, dat heet officieel ook wel kolommendiagram (zie paragraaf 5.6). In een staafdiagram mag je geen scheurlijn gebruiken, want dan klopt de verhouding tussen de lengten van de staven niet meer.

Het staafdiagram in het rapport van SmartFood Queen is een *nevengesteld* staafdiagram (zie figuur 10.1); dat is een samengesteld staafdiagram waarin groepjes staven voor verschillende variabelen naast elkaar staan. In Excel heet dit 'gegroepeerde kolom'. Je kunt de staven ook op elkaar zetten, dan krijg je een *gestapeld* staafdiagram (in Excel 'gestapelde kolom'). In een *relatief* staafdiagram zijn alle staven even lang: 100% (in Excel '100% gestapelde kolom').

beelddiagram

Een *beelddiagram* is een staafdiagram, waarbij je de hoeveelheid of omvang van de variabele niet met de lengte van een staaf aangeeft, maar met een aantal van dezelfde tekeningetjes of figuurtjes. Dat kan nuttig zijn voor de afwisseling en de leesbaarheid.

Voorbeeld

Aantal huishoudens die klant zijn in de gemeenten Laagduin, Hoogwater en Kortehaag

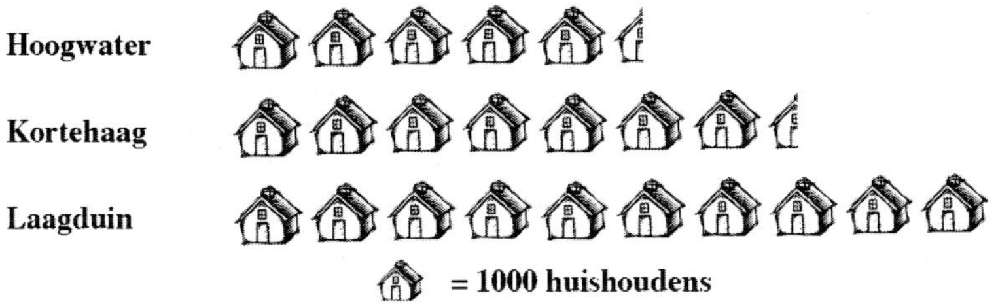

Figuur 10.3

cirkeldiagram

Met een *cirkeldiagram* geef je de omvang van de variabelen weer als delen van een 'taart'. Het kan maar om één variabele gaan, want je hebt maar één taart. Als er te veel delen zijn, kun je beter een staafdiagram of histogram gebruiken. Een cirkeldiagram wordt al snel onoverzichtelijk met meer dan zeven taartpunten.

Voorbeeld

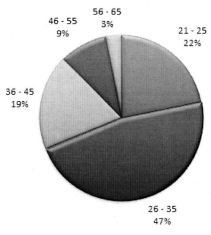

Leeftijd werknemers Jong & Fris, 2014

56 - 65
3%

46 - 55
9%

21 - 25
22%

36 - 45
19%

26 - 35
47%

Figuur 10.4

spreidingsdiagram

Een *spreidings*diagram gebruik je vooral als hulpmiddel om na te gaan of er een statistisch verband is tussen twee sets van gemeten variabelen. Hierbij zet je punten in een grafiek. Andere namen voor het spreidingsdiagram zijn *scatter*-diagram of *correlatie*diagram (correlatie betekent samenhang). Als de punten een duidelijk patroon vormen en je er een lijn doorheen kunt trekken, heb je kans op een statistisch verband. Dat moet je nog wel controleren; een spreidingsdiagram alleen is geen voldoende bewijs. Waarom heb je dit soort diagram dan niet gebruikt bij de analyse in het vorige hoofdstuk? Omdat het spreidingsdiagram alleen geschikt is voor variabelen op interval- of ratio-niveau.

Tijdens een zomermaand heb je steeds de verkoop van frisdrank bijgehouden en de temperatuur. Je sorteert je gegevens eerst op temperatuur. Daarna maak je er een spreidingsdiagram van:

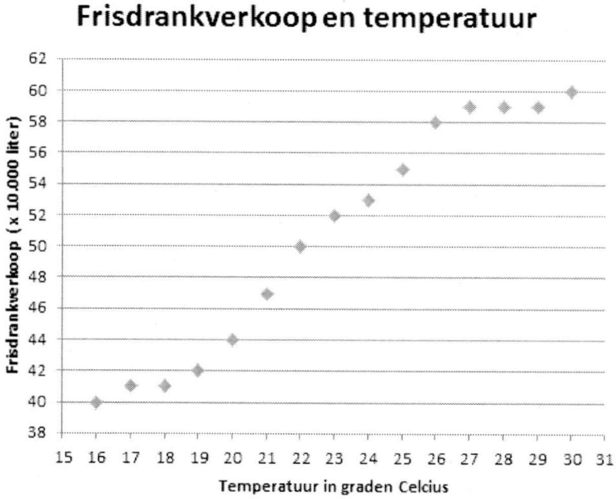

Frisdrankverkoop en temperatuur

Figuur 10.5

Een echte rechte lijn kun je er niet door trekken, maar er lijkt wel een sterk verband aanwezig. Als je dit vele maanden herhaalt, krijg je bij elke temperatuur een serie punten, die zich rond een bepaalde hoeveelheid frisdrank groeperen.

Opdracht

12. Kies steeds een goed grafiektype en verklaar je antwoorden. In sommige gevallen zijn meerdere goede antwoorden mogelijk.
    a. Marktaandelen van Nederlandse supermarktketens gedurende vijf jaren.
    b. Een verkiezingsuitslag.
    c. Je wilt de bestedingen aan marktonderzoek en de omzet van je bedrijf in één diagram laten zien.
    d. Voor een bepaalde productgroep wil je laten zien bij welke leveranciers welk deel is ingekocht, en naar welke soort afnemers de verkoop gaat
    e. Je wilt nagaan of er een verband bestaat tussen de leeftijd van je respondenten en hun lengte.

f. Je wilt laten zien hoeveel frisdrank genuttigd wordt door verschillende leeftijdsgroepen.

10.5   Samenvatting

Rapportage van onderzoeksresultaten gebeurt meestal in de vorm van een *rapport*, maar kan ook als mondelinge presentatie met visuele (computer)ondersteuning of als tabellenboek. Een onderzoeksrapport bestaat uit een titelpagina, een zelfstandig leesbare samenvatting, een overzichtelijke inhoudsopgave, een inleiding, een beschrijving van de methode van onderzoek, de resultaten, plus conclusies en aanbevelingen. Alle informatie die wel nodig is, maar die in het hoofdgedeelte de aandacht af zou leiden, plaats je in bijlagen.

Bij de keuze voor een bepaald diagram kom je bij een ontwikkeling in de tijd vaak uit bij het *lijn*diagram. Als er geen rekenkundig verband is tussen de variabelen is het *staaf*diagram vaak een goede keus. Als je dat samengesteld maakt (meerdere groepen variabelen) dan kun je kiezen tussen *nevengesteld* of *gestapeld*. In een *relatief* staafdiagram zijn alle staven even hoog (100%). In een *beeld*diagram bestaan de staven uit een serie figuurtjes. Bij een *cirkel*diagram laat je de waarden van één variabele zien als taartpunten van de cirkel. Als je de samenhang (correlatie) tussen de waarden van twee variabelen op interval- of rationiveau wilt onderzoeken, kun je een *spreidings*diagram gebruiken.

10.6   Begrippen

Beelddiagram	Staafdiagram, waarbij het aantal dezelfde figuurtjes de hoeveelheid of omvang van het verschijnsel weergeeft.
Cirkeldiagram	Diagram waarmee je verschillende waarden van één variabele weergeeft als deel van een cirkel.
Staafdiagram	Diagram waarmee je verschillende waarden van één of meer variabelen presenteert als losse staven.
Gestapeld ~	Samengesteld staafdiagram waarin de componenten van een staaf op elkaar gestapeld zijn.
Nevengesteld ~	Samengesteld staafdiagram waarin de componenten van een staaf naast elkaar staan.
Relatief ~	Gestapeld staafdiagram waarin elke staaf even lang is en de componenten percentages laten zien.

Spreidingsdiagram   Puntenwolk die je vormt door de waarnemingen van de ene variabele op de x-as uit te zetten tegen die van de andere variabele op de y-as. Geschikt om een statistisch verband te onderzoeken tussen variabelen op interval- en rationiveau.

Register